장인어른께 100억 상속받기

부자 아빠가 들려주는 **부자 수업**

장인어른께 100억 상속받기

배장훈 지음

시원
북스

PROLOGUE

'무엇'을 상속받을 것인가

저와 제 아내는 모두 가난한 동네에서 태어났습니다. 양가 부모님 모두 좋은 조건으로 출발하신 건 아닌 게 확실해 보입니다. 저는 꼬꼬마 때 이웃들과 마당을 공유하고 화장실을 같이 쓰는 집에 살았던 기억이 있습니다. 집에서는 제대로 씻을 만한 여건이 안 돼 일주일에 한 번 공중목욕탕에서 때를 빼는 게 중요한 일상이었습니다.

나라가 부유해짐에 따라 우리 가족을 포함한 이웃들은 모두 좀 더 나은 주거 환경으로 이사를 갔습니다. 화장실이 집 안에 있고, 세면기 수전의 수도꼭지를 왼쪽으로 돌리면 온수가 나오는 집으로 말이지요. 현대자동차의 낡은

포니 픽업을 타고 다니시던 아버지는 대우자동차에서 만든 날렵한 디자인의 에스페로로 차를 바꾸셨습니다. 거기까지였던 것 같습니다. 우리 집이 경제적으로 나아진다는 느낌은.

어찌 된 일인지 집은 도로 작아져 갔고, 아버지의 자동차도 다시금 허름해져 갔습니다. 화장실을 공유하는 집으로까지 후퇴하지는 않았지만, 친구들 집에 놀러 가보면서 저는 우리 집이 가난하다고 인식하기 시작했습니다.

아내는 저와는 다른 길을 걸어온 것 같습니다. 아내의 집은 달동네의 허름한 주택에서 아파트로 옮겨갔으며, 그녀의 키가 커지는 것만큼이나 아파트의 평수도 점점 더 넓어져 갔습니다. 아버지와 어머니께서 타고 다니는 차도 점점 더 좋아졌고요. 저에게 있어서 가난이 실존이었다면 그녀에게 가난은 기억이라고 하기에도 너무 희미할 만큼 관념적으로 남아있을 뿐입니다.

무엇이 저를 가난한 집 아들로 만들고, 그녀를 부잣집

딸로 만든 것일까요? 두 집의 어른들은 같은 시대를 살았고 비슷한 능력치를 갖추었는데도 불구하고 부의 간극이 벌어진 이유는 뭘까요? 그저 운의 차이일까요? 두 집을 모두 경험해보니 그 '무엇'은 분명하게 존재했습니다.

이 책에 나오는 모든 내용은 돈과 관련하여 제가 직접 보고 듣고 느낀 것들의 집합체입니다. 돈과 부자를 바라보는 관점에 어떤 변화가 생겼는지, 돈을 불려 나가기 위해 어떤 도전을 했는지에 대한 모험담입니다. 먼저 겪은 멘토들에게 배운 내용의 서술이며 제가 몸소 겪어 나가고 있는 우여곡절의 기록입니다. 미리 언급하자면 제가 대단한 성취를 이뤄서 책을 내는 건 아닙니다. 목표를 이루고 싶다는 호소이자 공표일 따름입니다.

아직 대단한 성취를 이루기 전인 제가 쓴 책을 여러분께서 펼친 이유는 아마 눈에 띄는 책의 제목 때문이지 않을까 싶습니다. 제목을 조금만 수정해보면 어떨까요?

'장인어른께 행복 상속받기'

'장인어른께 건강 상속받기'

이런 제목이었다면 과연 여러분들께서 이 책의 표지를 넘기셨을지 의문입니다. 제가 친구와 카페에서 커피를 마시다 갑자기 "나는 장인어른께 행복을 상속받을 거야" 혹은 "나는 장인어른께 건강을 상속받을 거야"라고 이야기한다면 아마도 그 친구는 "어, 그래" 하고 가볍게 흘려들을 겁니다. 이 말들은 제 친구에게 어떤 자극도 주지 못할 테지요.

"나는 장인어른께 100억을 상속받을 거야"라고 말하면 어떨까요? 친구의 눈빛이 달라질 겁니다. 친구의 마음을 다소 불편하게 할 수도 있습니다. "자랑하냐?"라고 한 소리 듣게 될지도 모르죠.

흔히들 인생에서 행복이, 건강이 돈보다 더 중요하다고 말합니다. 그러면서도 누군가가 행복, 건강을 얻었다고 이야기하는 것보다 100억을 벌었다고 이야기하는 것에 더 귀를 쫑긋 세웁니다. 왜 그런 걸까요. 어쩌면 돈의 힘이 우리가 인정하는 것보다 훨씬 더 거대해서 그런 건 아닐까요?

저의 부자 아빠인 장인어른께서는 저에게 꿈을 꾸고 목표를 세우고 공표하라고 하셨습니다. 그래서 책으로 공표해봤습니다. 음, 뭔가 사고를 친 느낌입니다. 이 책의 제목이 장인어른께 부담이 될 수 있으니 단어 하나를 더하겠습니다.

'장인어른께 100억 **비전** 상속받기'

이래저래 양가 부모님께 참 죄송스러운 마음입니다. 낳아주시고 길러주신 것만으로도 그 은혜를 다 갚을 길이 없는데 부모님의 삶을 본보기로 가난을 논하다니요. 저는 불효자 중의 불효자입니다. 장인어른, 장모님께서도 유쾌하실 리 없습니다. 양가 부모님께 용서를 구합니다. 가난하건, 부유하건 자식을 향한 모든 부모님의 사랑과 헌신은 빛바래지 않습니다.

기대해봅니다. 책을 끝까지 읽었을 때 당신의 마음도 저와 함께 뜨거워지길.

차 례

PROLOGUE '무엇'을 상속받을 것인가 — 4

PART 1
부자 아빠가 생겼습니다

여자 친구가 알고 보니 부잣집 딸이었다 — 14
스물여섯에 부자 아빠가 생겼다 — 24
여자 친구 아버지께서 보내주신 신문 기사 — 34

PART 2
부자 아빠에게 듣는 부자 특강

부자 아빠의 장지갑 — 44
새벽 3시, 부자 아빠의 기상시간 — 52
부자 아빠의 40년 된 다리미 — 58
샤넬 백 사려는 아내를 말리는 방법 — 66
로또 맞은 결혼 — 74
장인어른과의 100만 원짜리 내기 — 86
100억을 벌겠다는 계획 — 96

PART 3
투자를 시작하겠습니다

5년 치 교사 월급으로 2억 만들기 — 112
부자 아빠와의 두 가지 약속 — 122

멸치인가, 꽃게인가 ― 130
고수익, 원금 보장 투자상품을 믿은 바보 ― 144
입을 크게 벌리고, 아! ― 150
주식 투자, 이렇게 단순해도 되는 걸까 ― 166

PART 4
사업을 시작하겠습니다

선배의 카톡 프로필 사진을 보고 눈이 뒤집혔다 ― 176
강남 건물주가 된 선배 교사 ― 182
수험생, 영업사원, 마케터, 그리고 작가가 된 수학 교사 ― 192
사업한다는 사위, 말리는 장인어른 ― 206
2000년에 세상이 끝나는 줄로만 알았다 ― 216
사업은 연꽃이다 ― 224
아이스크림 가게 사장이 된 배 선생 ― 230
618번의 월급을 받은 최장수 CEO ― 242

PART 5
부자의 길

120세까지 살겠다는 장인어른 ― 248
내일이 두렵다는 부자 아빠 ― 254
산내면 향우회 ― 270

EPILOGUE 부자가 될 수 있다는 가능성 ― 276

PART I

부자 아빠가
생겼습니다

이번 생에 100억 이상의 자산을 가져보자.
미친놈인가. 직업이 교사인 사람이
100억대 자산가가 되겠다니.

여자 친구가 알고 보니
부잣집 딸이었다

   이번 생에 100억 이상의 자산을 가져보자. 미친놈인가. 직업이 교사인 사람이 100억대 자산가가 되겠다니.

   만으로 서른이 되었을 때 100억을 모으겠다는 비장한 결심을 했다. 중학교 수학 교사 3년 차였다. 당시 내 연봉은 5,000만 원이 채 안 됐다. 1년에 1억씩 모아도 100억을 만들려면 100년이 걸리는데 월급 실수령액 200만 원대인 교사가 무슨 수로 100억대 자산가가 된단 말인가.

   2024년 12월 KB 경영연구소에서 발표한 '2024 한국 부자 보고서'에서는 금융자산 10억 원 이상을 보유한 사람을 '한국 부자'로 정의한다. 2024년 기준 한국 부자에 속하는 인구는 약 46만 명으로, 전체 인구의 0.9%라고 한다. 대한민국의 1%도 안 되는 것이다.

박봉이라고 하면 빠지지 않는 직군이 공무원, 교사이니 100억은 고사하고 금융자산 10억을 보유한 부자가 되는 것도 교사의 근로소득으로는 굉장히 어려운 일이다. 35년 동안 근무한다고 가정했을 때 한 달에 평균 240만 원은 저축해야 가능한 금액이다. 교사 월급으로 이 정도 저축하려면 그야말로 수도승처럼 살아야 한다. 연애도 하고 결혼도 하고 자녀도 낳는다면 불가능하다고 봐야 한다.

10억을 모으기도 이렇게 힘든데 대체 무슨 수로 100억 대 자산가가 된단 말인가. 어쩌다 이런 터무니없는 결심을 하게 되었을까. 배 선생에게 무슨 일이 있었던 걸까.

우리 집은 경제적으로 넉넉한 형편이 아니었다. 찢어질 정도는 아니지만 '가난했다'는 표현이 더 적절하겠다. 부모님께서는 모두 대학 교육을 받고 번듯한 직장에서 사회생활을 시작했지만, 아버지께서 삼십 대에 시작한 사업이 실패하면서 두 분은 고달픈 삶의 역경을 겪으셔야만 했다. 아버지는 술과 담배, 어머니는 독실한 신앙심에서 삶의 위로를 얻으며 그럭저럭 삼 남매를 길러내셨다. 두 분은 5분 이상 대화를 이어갈 수 없을 만큼 생각, 취향, 철학이 너무나도 달랐지만 한 가지 공통된 의견이 있었다.

"돈 많다고 행복한 거 아니다."

학교에서도 '돈'에 관해 이야기해주시는 선생님은 없었다. 선생님들은 공부 열심히 해서 '좋은 직장'을 얻어야 한다고만 말씀해주셨다. 중학생 때 기술가정 교과 선생님께서 입버릇처럼 하시는 말씀이 있었다.

"중고등학교 때 6년 고생하면 남은 60년이 편안하다."

6년 동안 공부에 시간을 투자해서 좋은 대학, 좋은 학과를 졸업하면 따박따박 월급 주는 직장에 취직해서 남은 인생을 편안히 보낼 수 있다는 것이다. 꽤 그럴싸하게 들렸다.

고등학생 시절에도 마찬가지였다. 공부의 목적은 사회적으로 인정받고 안전하게 삶을 꾸려나갈 수 있는 직업을 갖는 데 초점이 맞춰져 있었다. 내 주위 어른들이 말하는 최고의 직업은 의사였고, 그다음이 교사였다. 나 역시 의사가 되거나 교사가 되겠다고 생각했다. 확고한 목표의식 없이 '수능 점수 결과대로 대학 가지 뭐'라는 생각으로 두 번의 수능 시험 끝에 졸업생의 99%는 교사가 되는 지방에 있는 대학교로 진학했다.

내가 다닌 대학은 나처럼 주머니 사정이 팍팍한 학생들에게는 최고의 학교였다. 학비는 저렴했고 2년 동안 기숙사비가 무료였다. 당시는 타 대학들이 등록금을 인상하여 학생들이 총장실을 점거하며 시위하던 때였다. 그런데 우리 학교에서는 교수님들이 "여러분들은 학비 인상해달라고 시위해야 하는 것 아니냐"고 농담할 정도였다. 학교에서 운동복도 나눠주었다. 학생들은 아디다스 저지를 흉내 낸 운동복을 입고 무료 학식을 먹으며 돈 걱정 없이 낭만적인 학교생활을 즐겼다.

우리 학교 학생들은 나와 사정이 비슷했다. 경제적으로 넉넉지 않은 집안이지만 공부는 좀 하는 착한 아들, 딸들. 이 같은 환경에서 돈에 관해 새로운 생각을 일깨워주는 친구, 선배를 만나기는 어려웠다. 교수님들도 마찬가지였다. 정말이지 자신이 가르쳐야 하는 전공과목 내용에만 충실한 고매한 학자들이셨다.

대학교 1학년을 마치고 바로 군대에 갔다. 정말 다양한 인간군상이 모이는 군대에서도 돈에 관해 별다른 자극을 받지 못했다. 북한이 저 멀리 보이는 산등성이에서 선임,

후임들과 빙고 게임이나 하며 시간을 보냈다. 그들과 나눴던 대화들도 가수 이름, 나라 이름 빙고만큼이나 가볍고 무의미했다. 여가 시간에는 주로 책을 읽었다. 도스토옙스키, 톨스토이, 헤세 등 위대한 문호들의 작품을 읽으며 인간의 자유, 죽음, 구원에 관해 자못 진지하게 고민했다. 돈에 대해 말하는 책은 천박하게 여겼다. 그런 책은 단 한 권도, 단 한 장도 펼치지 않았다.

군대를 전역하고 스물다섯 살이 되었을 때 대학교에서 지금의 아내가 된 여자 친구를 만났다. 당시 나는 복학생 3학년이었고 여자 친구는 신입생이었다. 같은 학교 학생이었고 같은 교회를 다녔다. 나는 그녀의 '교회 오빠'. 그녀는 특별히 비싼 명품을 소지하지도 않을뿐더러 소매가 심하게 해진 후드 점퍼를 개의치 않고 입고 다니는 털털한 행색을 지닌 친구였다.

그녀가 고등학생 때 잘 따르던 젊은 선생님이 있었는데, 그분이 우리 대학 출신이었다. 그녀는 선생님의 추천으로 우리 학교에 오게 되었다. 그 선생님과 나는 대학교 인근 교회를 같이 다녀서 잘 아는 사이였다. 그녀도 교회를 다녔기에 선생님의 권유로 자연스레 내가 다니던 교회로 오게 되었다. 그 교회에 다니는 다섯 명의 우리 학교 학생들은 주중에도 학교에서 한 번씩 모였다.

하루는 배드민턴 이야기가 나와서 다 같이 배드민턴을 치기로 했다. 내가 그중 가장 선배여서 모임 시간을 정하게 되었다. 모임 시간은 다음 날 새벽 6시. 그러나 도착한 체육관에는 나밖에 없다. 이런, 일단 기다려보자. 10분이 지나고 라켓을 허공에 휘두르며 집에 돌아갈 채비를 하는데 문자가 하나 온다.

- 오빠, 죄송해요ㅠㅠ 지금 얼른 갈게요

그녀만 늦게나마 약속을 지켰다. 그녀와 나의 배드민턴 실력이 엇비슷해서 굉장히 재밌었다. 새벽마다 배드민턴을 쳤고, 내기를 했고, 내기에 져서 밥을 샀고, 시험 기간에는 도서관에서 같이 공부했다. 그렇게 우리는 자연스레 연인이 됐다. 나중에 여자 친구가 해준 이야기인데, 그녀가 나에게 이성적인 호감이 있어서 새벽 6시에 체육관으로 나온 건 아니었다. 그녀는 내가 아니라 배드민턴에 진심이었다.

여자 친구는 여러모로 나와 비슷했다. 콩비지 같은 소박한 음식을 맛있다고 하고, 수수한 내 옷차림이 멋있다고 했다. 그녀의 친구들이 남자 친구와 아웃백에서 나이프로 스테이크를 썰 때, 그녀는 우리 엄마가 보내주신 쑥떡을 손으로 쪼개 먹으며 진심으로 맛있어했다. 그런 그녀를 보며 나는 속단했다. 이 친구네 집도 우리 집과 경제적 수준이 비슷할 거라고. 나처럼 어렵게 자라서 옷도 입맛도 소박하다고.

교제하는 시간이 쌓이면서 그녀는 간혹 나의 속단을 의심케 하는 행동을 했다. 연애 100일 기념으로 여자 친구와 에버랜드에 갔을 때였다. 나는 초등학교 6학년 때 수학여행으로 처음 에버랜드에 갔다. 당시에는 용돈이 부족해서 아마존 익스프레스 하나를 타고, 남은 시간은 오락실에서 보낸 가슴 아픈 기억이 있다. 사파리 체험을 해보지 못한 것이 두고두고 한이었다.

대학생이 되어서는 수학 과외로 꽤나 풍족한 생활비를 벌었기에 자유이용권 정도는 어렵지 않게 살 수 있었다. 매표소에서 가슴을 활짝 펴고 오빠의 능력치를 발산하며 "자유이용권 2장 주세요"라고 힘주어 말하려던 찰나, 그녀가 서둘러 지갑에서 뭔가를 꺼냈다.

"오빠, 우리 이걸로 자유이용권 사자."

여자 친구가 지갑에서 꺼낸 건 신세계 상품권이었다.

"에버랜드 간다고 하니까 엄마가 주셨어."

"어? 어… 그럼 그럴까?"

예상 밖의 상황에 내가 당황하여 어쩔 줄 몰라 하는 사이 그녀는 신속히 상품권으로 자유이용권을 결제하고는 내 손을 잡고 입구를 통과해 방방 뛰었다. 이걸 받아도 되나 싶었지만, 이왕 이렇게 된 거 그녀의 어머니께 가슴 깊이 감사해하며 원 없이 신나게 놀았다. 덕분에 6학년 때의 쓰라렸던 추억을 훌훌 털어냈다. 사자와 눈 맞추며 사파리 체험도 했다.

어느 날은 여자 친구가 주말에 집에 다녀오더니 산삼을 먹었다고 이야기했다. '산삼? 아버지께서 심마니이신가? 홍삼을 산삼으로 아는 거 아냐?' 나는 여자 친구의 말을 믿지 못했다.

여자 친구는 어울리지 않게 바이올린도 연주할 줄 알았다. 통기타 동아리에 가입하고는 입문용 기타를 사야겠다고 하더니 꽤나 비싼 모델을 사오기도 했다. 그 기타는 동아리 공연 때 여러 실력자들이 빌려 쓸 만큼 괜찮은 모델이었다. 그녀도 나처럼 '쑥향'이 익숙한 여자인 줄 알았는데, 어쩌면 '샤넬 향'이 익숙한 여자는 아닐까 하는 의심이 스멀스멀 피어났다.

사귄 지 6개월쯤 지났을까, 딸을 만나러 학교에 오시는 그녀의 어머니와 잠깐 인사를 나누기로 했다. 교제한 지 오래되지 않았지만, 하나밖에 없는 소중한 딸이 만나는 남자 친구의 인상착의 정도는 굉장히 궁금하셨으리라. 여자 친구에게 어머니를 만나면 넉살 좋게 절하겠다고 호기롭게 말했다.

차종에 대한 정보는 모른 채 여자 친구와 도서관 앞에서 어머니의 차를 기다리는데 우리 학교에서는 처음 보는 검은색 에쿠스가 원형 교차로를 돌아 서서히 다가왔다. 그때가 2010년이었는데 당시에도 1억 상당하는 모델이었다. 몸이 굳어지면서 육감적으로 어머니께서 다가오심을 느꼈다. 넉살 좋게 절하겠다는 호기는 말끔히 사라졌다. 다리가 후들거렸다. 직감은 틀리지 않았다. 시커먼 에쿠스가 햇빛을 따갑게 반사하며 내 앞에 멈춰 섰다. 그렇구나, 여자 친구는 부잣집 딸이구나, 퍼즐이 맞춰지기 시작했다. 그녀가 먹었다던 건 홍삼이 아니었다. 진짜 산삼이었다.

여자 친구의 어머니와 마주한 나는 다소 떨면서 "처음

뵙겠습니다"라고 말을 꺼냈다. 어머니는 내게 깍듯한 존댓말로 인사하셨다. 배려심이 남다른 여자 친구의 어머니는, 나의 인상착의가 양아치로 보이지 않음을 확인하시고는 내가 부담을 가질까 서둘러 가셨다. 내 인상착의는 매력을 어필하기보다 신뢰감을 주는 데 최적화되어 있기에 어머니는 딸이 외모만 보고 남자를 만나지는 않는구나, 하고 안심하셨을 게다.

지금이야 워낙 좋은 차들을 많이 끌고 다니지만 그 당시에, 특히 지방에서 그런 고급 차는 흔치 않았다. '카푸어'도 워낙 많은 세상이니 타고 다니는 차만 가지고 경제적 수준을 판단할 수는 없지만, 여자 친구와 교제하는 시간이 쌓여가면서 그녀가 나와는 전혀 다른 수준의 경제적 풍요를 누리고 있음을 차츰 알게 되었다. 그리고 그 경제적 풍요는 사업가로서 자수성가한 그녀의 아버지 덕분이라는 것도 여자 친구를 통해 들었다.

연애한 지 1년이 지났을 때 그녀의 아버지께서 별장으로 나를 초대해주셨다. 그렇게 '부자 아빠'와의 만남이 시작되었다. 그날부터 '돈'에 대한 나의 생각은 서서히 각도를 틀었다.

스물여섯에
부자 아빠가 생겼다

어느 날 뭔가를 진지하게 쓰고 있는 여자 친구에게 물었다.

"뭐해?"

"여행 계획서 쓰고 있어."

"무슨 여행 계획서를 리포트 쓰듯이 그렇게 진지하게 써?"

"우리 아빠가 시킨 거거든. 주말에 부모님이랑 청산도로 여행 가는데 아빠가 나한테 여행 계획서 작성해오래."

신입생 시절 여자 친구는 성실한 학생이 아니었다. 제출 마감 전날이 되어서야 과제를 시작하기 일쑤였다. 시험 기간에 도서관에서 같이 공부할 때면 메모지에 '공부에 집중하는 오빠의 뒷모습이 너무 멋있어. 바다 같이 넓은 등'이라고 적은 쪽지를 보내며 도통 공부에 집중하지 못하다가 어느새 보면 엎어져 자고 있었다. (참고로 나는 체격이 왜소한 편이다. 실개천같이 좁은 등이 바다처럼 보이는 건 순전히 콩깍지의 힘이다.) 그런 그녀가 사뭇 진지하게 여행 계획서를 작성하는 모습이 신기했다. 교수님이 시킨 것도 아니고 그녀의 아빠가 시킨 것인데 말이다. 여자 친구는 자신의 아빠를 어려워하는 듯 보였다.

교제한 지 1년쯤 되었을 때였다. 여자 친구가 평소답지 않게 망설이며 말을 꺼냈다.

"오빠… 우리 아빠가 오빠를 만나보고 싶어하시네?"

그녀의 말이 가라앉은 채 전해진다. 그녀의 어머니께 나를 처음 소개하던 날, 그녀에겐 망설임이 없었다. 그때와는 다르게 아버지께서 날 보고 싶어한다는 말을 전하는 여자 친구의 모습은 망설임으로 가득했다.

뭐지? 아빠에게 나를 보여주는 게 부담스러운 걸까, 나에게 아빠를 보여주는 게 부담스러운 걸까. 애써 태연한 척 "그래, 한 번 뵈러 가지 뭐"라고 대답했지만 여자 친구의 망설임은 곱절이 된 크기로 나에게 전이됐다. 그날부터 온갖 상상을 하며 혼자 긴장했다.

'부모님께서는 뭘 하시나?'

'연애만 하게.'

'자네에게 내 딸을 줄 수 없네.'

아침 드라마에서나 봤을 법한 장면과 대사들을 떠올렸다. 저런 상황에서 어떻게 대응할지 이미지 트레이닝 하며 결연해지곤 했다.

만남의 장소는 여자 친구네 별장이라고 했다. 주말에 1박 2일로.

"별장?"

여자 친구네 별장이 있는지도 처음 알았다. 별장은 부루마블에나 있는 거 아닌가. 하, 1박 2일이라. 나는 아무리 친한 사이라도 1박을 같이 하는 건 좀 부담스럽다. 그런데 처음 뵙는 여자 친구 아버지와 함께 1박 2일을 보내야 한다니. 그러나 쿨한 척 "그래, 가자. 가보자" 했다.

"근데, 아빠가 일을 많이 시키실 수도 있어."

"말을 시키시는 것보다는 훨씬 나을 거 같은데?"

"그래? 어쨌든 오빠, 미안해…."

왜 미안한 거지? 아무래도 나에게 아빠를 보여주는 게 부담스러운 눈치다.

약속 당일, 여자 친구네 집으로 갔다. 여자 친구 어머니의 고급 차를 보고 한껏 움츠러들었던 나는 넓디넓은 아파트에 발을 들이곤 완전히 쪼그라들었다. 살면서 60평대 아파트는 처음 가봤다. 세 식구가 사는 집이 60평대라니, 한 명당 20평 이상은 차지하고 사는 게다.

그때까지 나는 아파트에 살아본 적도 없었다. 그나마 살던 주택도 아버지의 사업이 어려워져 30평대에서 20평대, 마침내 10평대로 아담해졌다. 우리 식구는 다섯 명, 한 명당 4평도 안 되는 땅을 점유했다. 장성한 삼 남매가 한 방에서 자야만 했다.

우리는 여자 친구 아버지의 고급 SUV를 타고 별장으로 이동했다. 쪼그라들 대로 쪼그라든 나는 고된 훈련을 마치고 자대 배치를 받으러 가던 신병 때처럼 위축되고 잔뜩 긴장했다. 말을 꽤 잘하고 넉살 좋은 나였지만 그날은 좀처럼 입을 열기 어려웠다. 그냥 진중한 사람이기로 했다. 가는 내내 정말 한마디를 안 한 것 같다. 분위기가 어색해지지 않도록 여자 친구가 부단히 떠들었다.

번뇌에 휩싸여 심란하게 요동치는 나의 마음과는 달리 별장으로 향하는 길의 풍광은 참 아름다웠다. 호수를 둘러싸고 여유롭게 자리 잡은 별장들, 물살을 시원하게 가르며 레저를 즐기는 사람들, 이렇게 사는 사람들도 있구나. 나도 여기서 시원하게 제트스키나 한 번 타고 내 자취방으로 돌아가면 좋으련만.

별장에 도착해 짐을 풀고 어머님과 여자 친구는 식사 준비를, 아버님과 나는 바깥 노동을 시작했다. 아버님은 본격적인 작업에 앞서 1박 2일 동안 해야 할 일에 대해 일러주셨다. 나무 가지치기 작업, 자갈 나르기, 잔디밭 잡초 뽑기가 우리가 해야 할 일이었다. 아버님은 나를 펜대만 잡아본 '범생이'로 보셨는지 작업에 필요한 연장들의 이름과 기능, 사용 방법에 관해 하나하나 설명해주셨다. 사실 나는 시골에서 6년 동안 살았던 경험이 있어 그 모든 연장을 익히 잘 알고 있었지만 처음 배우는 사람처럼 고개를 끄덕였다.

나무 가지치기 작업은 처음 해보는 것이었지만 일머리가 없지 않았기에 대충 그럴싸하게 했고, 심미적 기준이 높지 않으신 아버님도 꽤나 흡족해하셨다. 혹시라도 아버님께서 말을 걸까 싶어서 일하는 데 초집중했다. 시키지도 않았는데 상황에 적합한 연장을 구해와서는 알아서 척척 일하는 나를 보고 아버님은 같이 일할 맛 난다고 생각하셨을 거다.

햇살이 따가운 늦은 봄날, 구슬땀을 흘리며 일하는 나를 보며 여자 친구 어머님은 "남의 집 귀한 아들 고생시킨다"며 연신 미안해하셨다. 내가 없을 때 여자 친구에게 "장훈씨가 저렇게 땀 흘리며 일하는 걸 보니 널 정말 많이 좋아하나 봐"라고 이야기하셨단다. 참 소녀 같은 분이시다.

첫날은 아버님과 특별한 대화를 나누지 않았다. 저녁을 먹고 일찍 잠자리에 들었다. 오랜만에 땀 흘리며 육체적 노동을 해서 그런지 잠은 잘 잤다. 다음 날 새벽 6시에 정원에서 자갈을 나르기로 했다. 5시 40분에 휴대폰 알람이 울리도록 설정해뒀다.

약속된 시간보다 15분쯤 일찍 나간 걸로 기억한다. 충분히 일찍 나갔다고 생각했는데 아버님의 작업복은 이미 땀이 한가득이었다. 허둥지둥 연장을 챙겨 노동에 동참했다. 나중에 안 사실이지만 아버님은 새벽 3시면 눈을 뜨신다고 한다. 그날은 나름 나를 배려하셔서 6시에 작업을 시작하자고 하신 것이다.

오후에는 아버님과 가까이 쪼그려 앉아 잡초를 뽑았다. 아버님께서는 부담 없이 대답할 수 있는 일상적인 것들을 물으셨다. 1박 2일 일정이 이렇게 마무리되려나, 그간 온갖 상상을 하며 긴장했던 것에 비하면 수월하게 끝나는 듯했다.

계획했던 모든 작업을 마치고 집으로 돌아갈 채비를 끝냈다. 거실에서 아버님은 나를 불러 잠깐 앉아 보라고 하셨다. 앗, 드디어 호구조사가 시작되는 것인가. 아버님은 각을 잡으시고는 미리 준비하셨을 것 같은 말씀을 하기 시작하셨다.

아버님은 말씀하셨다.

---

1. 멘토를 찾아라. 멘토는 객관성을 갖춘 사람이어야 한다.
2. 결정은 잘나갈 때 내려라. 사람들은 흔히 상황이 어려울 때 결정을 내린다. 이는 감정적인 판단이 되기 쉽다.
3. 젊었을 때 나를 발견하고 나의 길을 찾기 위해 노력하고, 길을 확실히 정했을 때는 핸들을 없애버려야 한다.
4. 골프를 배워라. 도약의 기회가 된다.

예상이 빗나갔다. 호구조사나 연애에 관한 참견은 없었다. 아버님께서는 당신 앞에 앉아있는 이 대학생이 훗날 사위가 될지는 모르지만, 살아갈 날이 창창한 젊은이에게 도움될 만한 말씀을 해주셨다. 이 말씀을 들었을 때 뭐랄까, 내 삶에 한줄기 빛이 비춘 느낌이랄까.

비록 나는 가난했지만 내 꿈까지 가난하진 않았다. 내 삶을 둘러싼 세상이 나에게 냉소적일지라도 나는 세상을 향해 단 한 번도 냉소적이지 않았다. 나는 열심히 사는 사람들, 성공한 사람들이 쓴 책을 읽으면 가슴이 뛰는 대학생이었다. 여자 친구의 아버지는 그런 나에게 찾아온 '빛'이었다. 책에서만 보던 부자 아빠가 현현했다.

집으로 돌아가는 길에도 차 안의 어색한 분위기는 여전했지만 내 마음은 다소 풍족해졌고 여유가 생겨 한두 마디 농담도 했다. 여자 친구도 기분이 좋은지 차창을 열고 신나게 트롯을 불렀다.

자취방으로 돌아와 부자 아빠가 해주신 말씀을 일기장에 적었다. 지금도 나는 삶의 방향을 찾을 때마다 이 말씀을 꺼내보며 실천하려고 노력한다. 새로운 일을 시작할 때는 먼저 경험한 선배들을 찾아가 조언을 구하길 게을리하지 않는다. 상황이 좋지 않아 이성적으로 차갑지 못하고 감정적으로 뜨거워져 있을 때는 중요한 결정을 내리는 일을 피하려고 노력한다. 미련 없이 핸들을 뽑아버릴 수 있도록 나를 발견하고 나의 길을 찾아가고 있다. 나는 부자 아빠의 조언에 따라 대학 졸업을 한 학기 남겨두고 교양 골프 수업을 수강했다. 그때부터 골프와의 연을 놓지 않고 있다.

별장에서의 1박 2일 이후 학교에서 다시 만난 여자 친구는 한껏 들떠 있었다.

"아빠가, 오빠 꾀 안 부리고 묵묵히 일 잘한다고 좋아하시네."

역시 일은 잘하고 봐야 한다. 여자 친구의 부모님께서 나를 믿을 만한 사람으로 보신 모양이다. 하나뿐인 딸이 대학교에 입학한 지 얼마되지 않아 남자 친구가 생긴 걸 두 분은 내심 염려하셨다. 사탕 하나를 고를 때도 이것저것 살펴보는데 너무 고민 없이 남자 친구를 만난 것 아니냐고 말씀하시기도 했다고 한다. 남자를 만날 때는 너만의 기준으로 그물망을 만들어서 그물망에 걸리는 남자를 만나야 한다고. 잘생기고 키 크고 이런 외적인 것이 기준이 되어서는 안 되고 성실성, 책임감 같은 것들이 기준이 되어야 한다고 말씀하셨단다.

별장에서의 1박 2일 이후 여자 친구 부모님은 더 이상 연애에 관한 어떤 참견도 없으셨다. 나를 직접 만나보시고는 딸이 보기보다 당신들의 조언을 잘 새겨듣는다고 생각하셨는지도 모른다. 외모도 조금은 강조해야 했나, 하고 후회하셨을지도. 하하.

몇 주가 지났다. 여자 친구가 다시 머뭇거리며 무겁게 말을 건넨다.

"오빠… 아빠가 오빠한테 이 신문 기사를 전해주라고 하시네…."

여자 친구 아버지께서
보내주신 신문 기사

　지금은 아내가 되어 한집에서 살고 있는 그녀가 여자 친구였던 시절은 꽤나 길었다. 8년을 연애하고 결혼했으니 지속가능한 연애에 관해서 명함 정도는 내밀만 하다. 연애 기간이 길었던 만큼 양가 부모님과의 인연도 길다. 연애를 시작하고 2년도 안 돼 양가 부모님과의 만남을 가졌으니 부모님은 우리가 대학생 시절 때부터 지내온 모습을 쭉 봐오신 셈이다.

　교양이 충만하신 장모님께서는 내가 대학생이던 시절에 나를 "장훈 씨"라고 부르셨다. 교사가 된 이후로는 "배 선생"이라고 부르셨고 결혼 후에는 "배 서방"이라고 부르신다. 결혼 후에는 사실 그동안 호칭 때문에 조금 불편했다고 수줍게 고백하시기도 했다.

장인어른께서는 내가 대학생이던 시절 "장훈아"라고 부르셨다. 교사가 된 이후로도 "장훈아"라고 부르셨고, 결혼 후에도 "장훈아"라고 부르신다. 결혼 직후 "나는 앞으로도 계속 '장훈이'라고 부를 거야"라고 선언하셨다. 내가 두 아이의 아빠가 된 지금도 "장훈아"라고 부르신다. 싫지 않다. 나를 사위가 아니라 아들로 여긴다는 말씀이 진짜인 것 같다.

내가 그저 딸의 남자 친구였던 시절부터 장인어른께서는 나에게 해주고 싶은 말씀이 참 많으셨다. 질문도 많이 하셨다. "장훈아"라는 호칭이 변하지 않듯 장인어른께서는 여전히 나에게 해주고 싶은 말씀도, 질문도 많으시다.

여자 친구네 별장에서, 여자 친구 아버지와의 첫 만남을 가진 후, 여자 친구는 별장에서 본인의 아빠가, 나에게 말씀을 많이 하지 않은 것에 대해, 나보다 더 안도했다. 사실 나에게는 여자 친구 아버지의 조언 하나하나가 빛이었다. 당시 나는 사업으로 성공한 사람들의 자서전을 읽으며 가슴이 뜨거워지던 때였고, 이런 사람들을 직접 만나보고 싶었다. 목마른 사슴이 시냇물을 찾듯 인생 수업이 간절했다.

반면, 여자 친구는 본인이 감당할 수준을 훨씬 뛰어넘어 출렁이는 인생 수업의 강물에서 물을 넘치게 먹고 헤어 나오고자 발버둥 치는 사슴이었다. 혹여, 내가 그 인생 수업의 강물에 휩쓸려 나가떨어질까 걱정했던 여자 친구는 나와 아버지가 만날 때면 늘 마음을 졸였다.

별장에서의 만남 후 몇 주 지나지 않아 여자 친구가 다시 망설이며 말을 꺼냈다.

"오빠… 아빠가 이 신문 기사를 전해주라고 하시는데… 우리 아빠 진짜 부담스럽지?"

여자 친구가 건넨 것은 인터넷 기사 출력물이었다. 기사 제목은 '부자와 빈자는 5가지 차이가 난다', 제목을 보니 부담, 당혹, 걱정이 앞섰다. 나는 과외 아르바이트를 하며 생활비를 벌던 가난한 대학생이었고, 여자 친구는 부족함 없이 부모님께 용돈 받는 부잣집 딸이었다. 우리 집은 빈자였고 여자 친구네는 부자였다.

기사는 어느 단편 소설의 에피소드로 시작된다. 남자는 강남 사는 부잣집 아들, 여자는 컨테이너에 살 정도로 가난하지만 똑똑한 대학생이다. 남자는 자신의 연인이 가난하다는 이유로 헤어질 일은 없을 거라고 장담했다. 하지만 짜장면 하나 마음 편하게 먹지 못하는 여자 친구를 남자는 견디기 힘들어한다. 두 사람은 결국 헤어진다.

나는 컨테이너에 살지도 않았고 짜장면 하나 정도는 마음 편하게 사먹을 수준은 됐지만 마음이 불편했다. 기사의 서두를 읽고 '본인의 딸과 헤어지라는 건가?' 하는 자격지심이 스쳤다.

기사는 이어서 부자와 빈자의 차이는 단순히 돈이 있고, 없고의 차이가 아니라 사고와 삶의 방식의 차이라 주장하며 부자와 빈자의 다섯 가지 차이점을 나열한다. 대략 요약해보면 다음과 같다.

---

1. 부자는 성공에, 빈자는 오락에 초점을 맞춘다. 부자는 정보를 교환하고 사업과 기부, 예술품 투자에 관해 이야기한다. 빈자는 연예인, 스포츠, 가십거리를 화제로 시간을 보낸다.
2. 부자는 신문을 읽고 빈자는 TV를 본다.
3. 부자는 조용하고 빈자는 시끄럽다. 빈자의 집에는 항상

> TV가 켜져 있다. TV의 소음은 사색을 방해하고 대화를 어렵게 한다.
> 4. 부자는 깨끗하고 빈자는 지저분하다. 주위가 어지럽다는 것은 그만큼 나태하다는 걸 반증한다. 깨끗한 공간에 있는 사람들은 지저분한 공간에 있는 사람들보다 효율적이고 체계적이고 창의적이다.
> 5. 부자는 투자하고 빈자는 소비한다. 부자에게 돈이란 투자를 통해 유지하고 늘리는 대상이다. 빈자에게 돈이란 소비하는 것이다.

인터넷 기사를 읽다 문득 딸의 남자 친구가 생각나셨나 보다. 이 기사를 나에게 보여주려고 하셨던 장인어른의 마음은 어떤 마음이었을까? 기사에는 이런 말도 나온다. '어떤 사람이든 만나서 30분만 얘기해보면 그가 부자인지 아닌지, 지금 부자가 아니라고 해도 앞으로 부자가 될 만한 사람인지 아닌지, 매우 높은 확률로 맞출 수 있다. 당신은 앞으로 부자가 될 수 있을까.'

나는 이 말에 집중하기로 했다. 내가 지금 부자가 아니어도 앞으로 부자가 될 만한 사람이 되길 바라는 마음으로 기사를 전해주신 거라고 혼자 단정 지었다. 그리고 이어지는 만남과 가르침 속에서 내 결론이 옳았음을 차차 알게 되었다.

기사에서 열거한 부자와 빈자의 다섯 가지 차이는 모두 사실일까? 부자는 정말 성공에 초점을 맞추고, 신문을 읽고, 조용하고, 깨끗하고, 투자할까? 빈자는 가십거리로 시간을 허비하고, TV를 보고, 시끄럽고, 지저분하고, 소비만 할까?

가난한 우리 집에는 TV가 아예 없었다. 가십거리로 시간을 때우지 않았고, 과소비하며 살지도 않았지만 우리 집은 가난했다. TV를 보지 않았지만 신문도 읽지 않았고, 과소비하지 않았지만 투자하지도 않았다. 무엇보다 성공에 초점을 맞추지 않았다.

하지만 부자 아빠는 달랐다. 그분은 집요하게 성공에 초점을 맞췄다. 지독하고 치열하고 맹렬하게 투자했다. 나는 성실하고 책임감이 강한 사람이었지만, 성실함과 책임감만으로 부자가 되는 건 아니었다. 부자가 되기 위해서는 부자처럼 생각하고 부자처럼 행동해야 한다. 부자 아빠는 내가 부자처럼 생각하고 부자처럼 행동하도록 신문 기사를 통해 교육하기 시작하신 것이다.

여름과 가을이 지나고 대학 캠퍼스를 떠날 때가 왔다. 나는 운 좋게도 교사로 바로 임용되었다. 부자 아빠는 나의 졸업 선물을 챙겨 주셨다. 딸에게 돈을 주며 장훈이에게 손목 시계를 선물하라 하셨고, 여자 친구는 사회초년생에게 어울리는 손목 시계를 사왔다.

부자 아빠는 시계를 좋아하신다. 시계의 째깍거리는 소리를 들으면 심장이 뛰신다고. 나는 부자 아빠가 선물해주신 시계를 365일 차고 다니면서 이십 대 중후반을 뜨겁게 보냈다. 광주에 위치한 학교의 교사가 된 나는 아직 대학생이던 여자 친구와 장거리 연애를 했고, 우리가 만난 시간은 어느덧 5년을 채워갔다.

나의 이십 대가 끝나갈 무렵, 여자 친구의 집에서 부자 아빠와 단둘이 잠을 자게 되었다. 그날부터 부자 아빠의 본격적인 인생 수업이 문을 열었다. 그전까지는 오리엔테이션이었던 셈이다. 여자 친구를 덮쳤던 강물이 나에게 몰려오기 시작했다. 하하하.

PART 2

부자 아빠에게 듣는 부자 특강

"돈은 아플 때 약이 되고,
배고플 때 일용한 양식이 되고,
추위를 막아줄 따뜻한 거처가 되고,
너의 아들 딸이 배우고 싶어할 때 학비가 된다."

부자 아빠의
장지갑

 여자 친구가 대학을 졸업할 즈음 그녀의 어머니께서 병원에 입원하셨다. 방학 동안 여자 친구는 병원에서 어머니를 간병했다. 당시 나는 광주에 위치한 학교에서 근무했다. 어머니의 병문안을 위해 서울에 위치한 병원으로 갔다. 약속한 방문 시간은 토요일 오후, 서울에서 자취하는 친구에게 연락해 그날 잠자리를 부탁해두었다.

 아버님, 어머님께 인사드린 후 여자 친구와 바깥공기를 쐬러 나갔다. 우리가 데이트하는 동안 아버님께서 어머님 곁을 지키셨다. 병원으로 돌아와 인사드리고 친구네 집으로 가려 하는데, 아버님께서 물으셨다.

"오늘 밤 어디서 자나?"

"저, 친구네 가서 자려고요."

"그냥 나랑 같이 우리 집에 가서 자자."

아버님께서는 청유문의 형식을 빌렸지만 명령문의 어조로 말씀하셨다. 나는 "그냥 친구네 가서 잘게요"라고 말하고 싶었지만 "그럴까요?"라고 대답해버렸다. 서둘러 여자 친구에게 도움을 요청하는 눈길을 보냈지만, 여자 친구도 어머니도 날 구원해주지 못했다. 체념하고 친구에게 카톡을 보냈다.

- 야, 나 오늘 여자 친구네 집에 가서 자야 할 거 같아. 여자 친구 아버지랑 둘이.

친구에게서 바로 답장이 온다.

- ㅋㅋㅋㅋㅋㅋㅋㅋㅋㅋㅋㅋㅋㅋㅋㅋㅋㅋㅋㅋㅋㅋㅋㅋㅋㅋㅋㅋ

친구는 전혀 서운해하지 않고 아버님과 두 손 꼬옥 잡고 도란도란 이야기하다 편히 자라고 배려해주었다. 역시 '찐친'이다. 내가 그날 밤 동행해야 하는 사람이 '여자 친구 아버지'가 아닌 '여자 친구'였다면 솔로였던 그 친구는 쌍욕을 날렸을 거다.

"오빠, 미안해."

"아냐, 난 괜찮아. 괜찮고 말고. 괜찮겠지…?"

차 안에서 아버님과 무슨 대화를 나눠야 할까. 우려와 달리 차 안의 분위기는 침묵과 어색함으로 가득 차지 않았다. 아버님 차를 타고 여자 친구 없는 여자 친구네 집으로 향했다. 아버님은 말씀을 잘하시는 분이셨고 나는 씩씩하게 "네네" "그렇죠" "맞습니다"만 반복하면 충분했다.

그런데 주차 후 집에 올라가는 엘리베이터 안에서 문득 코트에 지갑이 없다는 끔찍한 사실을 자각했다. 허둥지둥 뭔가를 찾는 나를 보며 아버님은 뭘 놓고 왔느냐고 물으셨고 나는 지갑이 없어졌음을 실토했다. 우리는 다시 주차장으로 내려가 지갑을 찾았다. 지갑은 다행히도 아버님 차 근처에 떨어져 있었다. 당시 내가 쓰던 지갑은 클립형으로 아주 심플한 모양이었다. 워낙 거추장스러운 걸 싫어하고 현금보다는 카드를 주로 썼기에 작은 지갑을 선호했다. 지갑을 찾은 건 다행이지만 하필 여자 친구 아버지께 이런 모습을 보여드린 게 너무나도 창피했다.

집에 가서 잠자리에 들 준비를 마치고 편히 주무시라고 인사드리려 하는데 안방에 계신 아버님께서 부르셨다.

"장훈아, 이리 와봐."

아버님은 장롱 안에서 무언가를 찾고 계셨다.

"아, 여기 있네. 내가 쓰던 지갑이야. 앞으론 이 장지갑을 써."

부자 아빠의 장지갑

꽤 낡았지만 쓸만했다. 그리곤 아버님은 내가 평생 받아본 질문 중 가장 대답하기 어려웠던 질문을 하셨다.

"장훈이는 돈을 리스펙 하나?"

'돈을 리스펙 하냐고? 돈이 리스펙 해야 하는 대상인가?'

신앙심이 독실한 어머니 덕분에 나는 태어나자마자 교

회에 다녔다. 30년 가까운 세월 동안 교회에 다니면서 돈과 관련한 성경절을 수도 없이 들어왔다.

"돈을 사랑함이 일만 악의 뿌리가 되나니" (디모데 전서 6:10)

"너희가 하나님과 재물을 겸하여 섬기지 못하느니라" (마태복음 6:24)

돈을 리스펙 한다고 대답하면 나의 신앙을 부정하고 돈을 사랑한다고, 돈을 섬기노라고 고백하는 것 같았다. 적잖이 당황한 나를 보며 아버님은 말씀을 이어가셨다.

"돈 많다고 행복한 거 아니라는 말 많이들 하지. 나는 그 말을 세상에서 가장 싫어해."

정말 많이 듣는다. 돈 많다고 행복한 거 아니라는 말.

"돈은 우리에게 행복을 가져다 주는 아주 아주 고마운 존재야."

하지만 돈이 행복을 보장해주는 건 아니지 않나?

"나는 돈을 정말 사랑해."

아버님의 말은 일종의 선언처럼 들렸다. 솔직한 걸까, 노골적인 걸까, 진실된 걸까.

"학교에서 어떤 학생들이 장훈이를 따르지?"

'갑자기요?'

"장훈이가 인정해주고 존중해주는 학생들일 거야. 사람은 자신의 가치를 알아봐주고 자신을 좋아해주는 사람을 따르게 돼 있어. 나를 함부로 대하고 평가절하하는 사람에게서 멀어지는 건 너무나 당연한 거야. 돈을 리스펙 한다는 건 돈을 좇아간다는 의미가 아니야."

'돈을 좇아가는 게 아니라면…'

"돈의 가치를 인정하고 돈을 대하는 태도가 진실되며 돈이 귀한 줄 아는 걸 의미하는 거지."

"아!"

"내 말을 명심해. 돈을 리스펙 해야 한다."

"돈을 리스펙 해야 한다…"

"군대에서 제식훈련^{군인에게 절도와 규율을 익히게 하는 훈련} 했었지? 제식훈련을 왜 할까?"

'제식훈련?'

"실전에서 제식훈련 때처럼 동작을 맞춰서 움직이나? 절대 그렇지 않지. 그럼 다 죽어."

'끄덕끄덕'

"제식훈련은 정신교육인 거야. 군인들에게 복종, 질서의 정신을 무의식까지 침투시키는 거지."

'오호, 끄덕끄덕'

"그런 의미에서 나는 장지갑을 써. 돈을 구기거나 접어서는 안 되는 거야. 이런 행동이 모여 돈을 존중하는 정신이 무의식에 새겨지지."

그날 밤, 오래도록 뒤척였다. 돈 많다고 행복한 거 아니라는 말은 나의 아버지, 어머니께 정말 많이 듣는 말이다. 그러나 역설적이게도 두 분은 돈이 생기면 참 좋아하신다.

돈이 없어서 사업을 포기해야만 할 때, 아버지는 행복하지 않았다.

돈이 없어서 더 작은 집으로 이사해야만 할 때, 어머니는 행복하지 않았다.

돈이 없어서 하고 싶은 걸 포기해야만 할 때, 우리 삼 남매는 행복하지 않았다.

돈이 많았다면 아버지, 어머니는 부부 금슬이 더 좋았을지도 모른다.

돈이 많았다면 우리 삼 남매는 더 행복한 어린 시절을 보냈을지도 모른다.

나의 아버지는, 나의 어머니는, 나는, 돈 앞에 진실되지 못했던 게 아닐까?

그날 아버님으로부터 받은 장지갑을 10년이 지난 지금도 쓰고 있다. 아버님께서 물려주신 거라 더욱 애틋하다. 나에게 더 많은 부富를 안겨줄 부적처럼 느껴진다. 작은 지갑을 쓸 때는 종종 지갑을 흘리곤 했는데, 장지갑을 쓴 이후에는 한 번도 흘리지 않았다. 희한하다.

지금 나에게 돈을 리스펙 하냐고 묻는다면 아무 거리낌 없이 대답할 것이다. "완전 리스펙 합니다."

다음 날 새벽 아버님께서 일어나셨는지 거실에서 기척이 들린다. 지갑이나 흘리는 얼빠진 모습을 만회해야 한다. 마치 매일 새벽에 기상하는 사람처럼 거실로 나가 인사드린다. 그리곤 바로 돈 강의 2부가 시작된다. 나의 무의식을 송두리째 뒤흔들려고 작정하신 게 분명하다.

새벽 3시,
부자 아빠의 기상 시간

새벽 3시. 장인어른께서 눈 뜨는 시간이다. 알람 시계 따위 필요 없다. 기상하면 물을 한 컵 마시고 거실에서 신문을 읽으신다. 신문을 다 읽은 후 골프 방송을 켜신다. 나긋한 해설사의 목소리를 배경음악 삼아 눈을 감고 명상하신다. 소파에 누워 눈을 감은 자세로. 다시 주무시는 걸까. 장인어른께서는 잘 때 코를 고신다. 코 고는 소리가 들리지 않는 걸 보니 명상하시는 게 분명하다.

명상하시면서 무슨 생각을 하실까? 궁금하지만 실제로 여쭤본 적은 없다. '극극극 J 성향'인 장인어른께서는 그날의 일정에 대해 생각하실 것이다. 회사의 앞날을 계획하고 자신이 인생 계획서의 이정표를 따라 잘 가고 있는지 점검하시리라.

장인어른은 5시 30분쯤 간단하게 아침 식사를 하시고 6시가 좀 넘으면 집을 나서신다. 대한민국 수도 서울에서 교통체증을 피하려면 남들보다 일찍 움직여야만 한다. 도로에서 허비하는 시간을 극도로 싫어하는 장인어른께서는 늘 먼저 움직이신다. 허둥지둥이란 단어는 있을 수 없다.

부자 아빠와 늦은 밤까지 돈에 관한 이야기를 나눈 그날 밤. 나는 오래도록 잠들지 못하고 뒤척였다. 새벽에 아버님께서 일어나신 기척이 들려 거실로 나갔다.

"굿모닝."

'굿'이라고 하기엔 너무 뒤척였고, '모닝'이라고 하기엔 많이 이른 시간이다.

"안녕히 주무셨어요."

아버님께서는 뜸 들이지 않고 바로 어제의 대화를 이어간다. 당혹스러운 두 번째 질문이 날아온다.

"부자를 리스펙 하니?"

당시는 사업에 성공한 사람들이 쓴 자서전을 읽으며 가

슴이 뜨거워지던 때였다. 그럼에도 자신 있게 부자를 존경한다고 말하는 게 왠지 어색했다.

"사람들은 부자가 되고 싶어하면서도 부자를 존경하지는 않아."

'그런가?'

"어떤 면에서는 경멸해. 옳지 않은 방법으로 부를 축적한 탐욕스러운 사람이라고 속단하지."

'그런 경향이 있다.'

"나도 젊어서 어려운 시절을 보낼 때 그런 생각을 한 적이 있었어. 평일에 골프 치는 사업가들을 보며 나라를 망치는 좀벌레라고 생각했지. 노동의 가치를 짓밟고 돈을 함부로 쓰는 사람들인 줄 알았어. 근데 내가 평일에 골프 치는 사람이 되었네. 평일에 골프 치는 사업가들은 어떤 사람들일까?"

'음…'

"근로자들의 노동을 착취하여 얻어낸 돈으로 골프나 치면서 펑펑 돈 쓰는 사람들일까? 절대 그렇지 않아. 사람을 기차에 비유하면 기관차와 객차로 나눌 수 있어. 기관차는 동력을 발생시키며 선두에서 달리지. 기관차는 객차를 이끌기 위해 비바람과 역경을 뚫어내야 해. 여러 어려움이 있음에도 불구하고 해내야만 하는 사람들이야. 객차는 따라만 가면 돼. 수동적이고 편하지. 부자들은 기관차야. 무너진 집안을 일으키기 위해, 가족들을 가난에서 건져내기 위해, 직원들의 생계를 지키기 위해 처절하리만큼 치열하게 살아가는."

'아…'

"부자의 몸은 자신의 것이 아니야. 가족들, 직원들의 것이지. 가족들, 직원들이 사람답게 살게 하기 위해 부자는 사람이길 포기하며 살아. 장훈이가 어떤 인생 목표와 계획을 갖고 살아가는지 모르겠지만 돈과 부자를 존경하길 바란다. 많은 사람들이 앞으로 닥칠 어려움을 생각하지 않아. 지금의 젊음이, 건강이, 수입이 영원할 거라 착각하지. 돈은 아플 때 약이 되고, 배고플 때 일용한 양식이 되고, 추위를 막아줄 따뜻한 거처가 되고, 너의 아들 딸이 배우고 싶어할 때 학비가 된다. 부자가 되면 너를, 너의 가족을, 너의 사회를 지키는 든든한 요새가 될 수 있어. 부자가 되는 출발점은 돈과 부자를 존경하는 데서 시작되는 거야."

지금의 나는 "돈이 좋아요. 부자가 되고 싶어요"라는 말이 너무나도 자연스러운 사람이 되었지만 당시에는 그런 말이 어색했다. 경계해야 하는 말로 여겼다. 돈은 본래 비정하다 믿었고, 돈을 좋아하면 사람도 비정해진다 생각했다. 돈은 헛된 것이라 여겼다. 사람이 돈에 매몰되면 그 인생도 같이 헛된 것이 된다고 간주했다. 돈에 대한 탐욕은 암세포처럼 폭발적으로 분열하고 성장하여 결국 사람을 파멸에 이르게 하는 줄 알았다.

부자 아빠는 정반대의 관점을 보여주셨다. 아플 때 약이 되고, 배고플 때 양식이 되며 추울 때 따뜻한 거처가 되는 돈은 정이 넘치고 따뜻하다. 나의 가족과 나의 사회를 지키는 돈은 생명력이 강하며 건설적이다. 부자는 맨 앞에 서서 풍파에 맞서며 이 사회가 더 전진할 수 있도록 동력을 발생시킨다. 부자는 더 많은 돈이 세상에 흘러넘치도록 만든다. 부자를 통해 세상은 더욱 풍요로워진다.

어제도 오늘도 내일도 부자 아빠는 새벽 3시에 기상하신다. 신문을 읽고 골프 해설가의 나긋한 목소리를 배경 삼아 눈을 감고 되뇌시겠지. "오늘도 힘차게 달리자. 가족과 회사를 지키기 위해."

여자 친구와 데이트를 한 건지, 여자 친구 아버지와 데이트를 한 건지 헷갈리는 그날 이후로도 여자 친구 어머니께서는 꽤 오래 병원에 계셨다. 여자 친구도 한동안 어머니 곁에서 간병했다. 여자 친구와 만날 때면 여자 친구 아버지와 함께 밤을 보냈다. 부자 아빠에게 배우려는 의지가 충만해진 나는 그 밤이 기다려졌다. 믿거나 말거나.

여자 친구를 만나기로 한 주말을 앞두고 부자 아빠로부터 전화가 왔다.

"장훈아, 이번주에 올라오지?"

"네, 아버님."

"혹시 다림질할 줄 아나?"

"아, 그럼요."

"그래 알았어. 주말에 보자고."

아버님은 평생 바깥에서 일하시던 분이었기에 어머니도, 여자 친구도 없는 집안 살림이 영 신통치 않았을 거다. 주말에 여자 친구네 집에서 만난 아버님은 셔츠 몇 개를 가져오셔서 내게 다림질을 부탁하셨다. 세탁소에 맡기지 않는 걸 보고 진짜 검소하다고 생각하는 와중에 가져오신 다리미를 보고 뜨악했다.

'아니, 이런 다리미를 쓴다고?'

부자 아빠의
40년 된 다리미

 여자 친구 어머니와 여자 친구가 병원에 있는 동안 여자 친구와 나는 3주에 한 번 정도 주말에만 만났다. 토요일에 광주에서 버스를 타고 서울로 간다. 병원으로 가서 여자 친구 어머니, 아버지께 문안 인사를 드리고 여자 친구와 잠시 외출한다. 병원으로 돌아와 여자 친구 아버지와 단둘이 여자 친구네 집으로 가서 잔다. 다음 날 아침 식사를 하고 다시 병원으로 가서 여자 친구와 점심을 먹고 광주로 내려가는 스케줄의 반복이었다.

 이러다 보니 여자 친구와 함께 있는 시간만큼, 아니 그 이상으로 여자 친구 아버지와 시간을 보냈다. 아버님은 종종 골프를 가르쳐주시기도 했다. 하루는 아버님이 나에게 샷을 하기 전 기본 준비인 어드레스 자세를 취해보라 하신 후 물으셨다.

"장훈아, 자세가 불편해?"

"아뇨, 딱히 불편하진 않은데요."

"그럼 잘못된 거야. 자세가 불편해야 제대로 선 거야."

"아!"

"부자 되는 길도 똑같아. 불편하게 살아야 부자가 될 수 있어."

"네?"

골프 기본 자세 수업은 3분도 채 되지 않아 '부자학개론'으로 수강명이 바뀌었다.

"장훈이가 지금 불편하게 살고 있으면 부자 되는 길을 가는 거라고!"

"불편하게 산다는 게 어떤 의미죠?"

"편하게 사는 길과 반대로 가는 거지."

"그럼 편하게 산다는 건 어떤 의미죠?"

"버리는 거 좋아하고, 사는 거 좋아하고, 외식 좋아하고,

집에서는 늘어지게 누워서 TV 보고, 직장에서는 적당히 일하고, 직장 끝나면 동료들이랑 맥주 마시고 치킨 먹으면서 회사 욕하고, 휴가철마다 해외여행 다니는 거지. 이런 삶은 편해."

'뭐, 맞는 말이다.'

"반면에 아껴 쓰고, 고장 나면 고쳐 쓰고, 집에서 밥 해 먹고, 집에서는 신문 읽고, 내가 사장이라는 마인드로 직장에서 코피 터지게 일하느라 휴가도 잊고 사는 삶. 이런 삶은 정말 불편해."

'불편하지.'

"부자가 되려면 지갑에서 돈이 새는 걸 막아야 하고, 지갑에 돈이 더 들어오도록 자신의 가치를 높여야 하는 거야."

'음… 이것도 맞는 말이다.'

"나는 30년 넘게 회사 생활하면서 휴가를 단 한 번도 안 갔어."

'뭐, 뭐라고요?'

"직원일 때도, 사장인 지금도. 진짜 미친놈이지."

'사람이길 포기했다는 게 이런 건가?'

부자학개론 수업을 마치고 아버님께서는 다소 민망해

하며 다리미를 가져오셨다. 어머님께서 병원 치료로 집을 비운 동안 셔츠를 직접 다리신 모양이다. 평생 어머님께서 다림질을 해주셨으니 아버님의 다림질 실력은 영 신통치 않았으리라.

당시 나는 사회초년생으로 각이 잡혀 있었기에 자취방에서 자주 다림질을 했다. 이번 기회에 군대에서 배운 칼 다림질로 아버님께 점수 좀 따야지 싶었다. 아버님께서 다섯 벌의 셔츠를 건네주시고는 다리미를 가져오는데 순간 어안이 벙벙했다.

부자 아빠의 40년 된 다리미

'와….'

추억의 11자 코드. 어린 시절 '도란스'라고 불렸던 변압기. 다리미 선의 실들은 터질 대로 터졌는지 절연 테이프로 고이 둘러져 있었다. 변압기는 노화로 늘어져버린 살갗을 붙들어 매려는 듯 노란 테이프를 붕대 삼아 칭칭 감겨 있었다. 변압기에 11자 코드를 꼽고 콘센트에 연결하면 불꽃이 튀면서 전신 X-ray를 찍어줄 듯한 두려움이 엄습했다.

다행히도 다리미는 아주 잘 작동했고 나도 멀쩡했다. 지금도 처가에 가면 다리미와 변압기는 변함없이 자리를 지키고 있다. 장모님께 여쭤보니 결혼할 때 선물로 받으셨다고 한다. 약 40년이다. 그럼에도 여전히 잘 작동한다. 부자 아빠는 기능에 문제없는 물건을 버리는 걸 절대 용납하지 않는다. 고장 나면 고쳐 쓴다. 너덜너덜해지면 접착제로 붙여 사용한다. 나와 친구뻘인 다리미를 보며 아버님께서 말씀하신 불편한 삶의 일부분을 단박에 이해했다. 이 정도로 물건을 아껴 써야 하는 거구나.

별장에서 부자 아빠와 작업한 날의 일이다. 작업을 모두 마친 후 연장을 물로 깨끗이 씻어 정해진 자리에 두는 장인어른의 모습이 아주 인상적이었다. 나도 시골에서 살아봤지만 일이 끝나면 마당 어딘가에 연장을 던져놓고 집으로 들어가기 일쑤였다. 그러기에 자주 잃어버렸고 흙을 씻지 않으니 금방 낡았다. 결국 새로운 연장을 사는 데 돈이 샜다.

별장 거실 벽에는 전등 스위치들이 모여 있었는데 각 스위치마다 어느 전등인지 적힌 견출지가 붙어 있었다. 불필요하게 다른 전등이 켜졌다 꺼지는 걸 방지하기 위함이다. 단 1와트의 전기도 허비하지 않겠다는 부자 아빠의 집요함이 엿보였다.

어느 뜨거운 여름날, 부자 아빠의 사무실에 찾아갔다. 주말이라 부자 아빠 혼자 사무실에 계셨다. 에어컨을 꺼둔 채 선풍기를 켜놓고 땀을 뻘뻘 흘리면서.

"아버님, 안 더우세요?"

"불한증막 사우나 하고 좋지 뭐."

'진짜 사람이길 포기하셨…'

아버님께서는 대기업의 하청을 받는 회사에서 사원부터 시작해 사장이 되신 분이다. 사원 때부터 이 회사는 내가 먹여 살린다는 마음으로 일하셨다. 한 번은 중요한 계약 건을 따내고 싶은 마음이 간절하여 눈이 펑펑 내리는 크리스마스 이브에 어느 대기업 사원의 집을 찾아갔다. 머리 위에 눈이 소복이 쌓인 아버님을 그 사원은 어이없다는 표정으로 바라봤다. 안타깝게도 계약 건은 이미 물 건너간 상황이었다.

시간이 흘러 사원은 대기업의 부장이 되었다. 잊지 않고 축하 전화를 드린 아버님께 부장은 말했다. 눈이 쏟아지던 그 겨울날, 당신을 보고 충격 받았다고. 이 사람도 직장인일 뿐인데 어떻게 이렇게까지 할 수 있는지 놀랐다고. 그날로 일하는 자세를 고쳐 잡았다고. 당신 덕분에 부장이 됐노라고.

지상 최고 부자, 이역만리 미국에 있는 일론 머스크도 말했다. 성공하고 싶으면 주 100시간 일하라고. 지독히도 불편한 삶이다. 불편하게 살아야 부자가 된다. 나는 어떤 불편함을 감수했을까? 우선 취업 후 한동안 차를 사지 않았다. 교사 9년 차 되던 해, 1,200만 원 주고 8년 된 중고차 투싼을 샀다. 차를 살 수밖에 없는 상황이라 생각했지만 그마저도 불편함을 더 감내할 걸, 하고 후회가 된다. 나중에 이야기하겠지만 나는 1억이 넘는 돈과 중고차 투싼을 맞바꿨다.

교사가 되어 돈을 벌기 시작하고도 오래도록 차를 사지 않는 나를 보며 부자 아빠는 아주 대견해하셨다. 하루는 부자 아빠께서 나에게 물으셨다.

"장훈이 친구들 외제차 많이 타고 다니나?"
"네, 요즘 젊은 세대는 외제차 워낙 많이 타잖아요."
"외제차 타고 다니는 친구들이랑은 너무 어울리지 마."
'아니, 아버님도 외제차를 타고 다니시잖아요…'

샤넬 백 사려는 아내를 말리는 방법

 여자 친구와 처음 교제할 당시 그녀가 걸치고 있는 후드 점퍼의 헤진 소매를 보고 그녀의 집도 우리 집처럼 너절할 거라 속단했다. 여자 친구 부모님의 고급 차와 고급 시계를 보고 그녀의 집은 사실 부잣집이라는 걸 깨달았다. 사람은 겉으로 드러난 걸 보고 판단한다. 보이는 것에 민감할 수밖에 없다.

 부자 아빠와 둘이서 차를 타고 가고 있는데 벤틀리의 벤테이가 차량이 지나갔다. 벤테이가는 3억을 훌쩍 넘는 가격의 고급 모델 차량이다.

"우아, 멋지다."

내가 한 말이 아니다. 부자 아빠의 대사다.

"장훈이는 어떤 차 타고 싶어?"

"생각을 안 해봤네요."

"나는 차가 없을 때는 소나타를 꿈꿨고, 소나타를 탈 때는 그랜저를 꿈꿨고, 그랜저를 탈 때는 벤츠를 꿈꿨어."

'의외인데?'

"좋은 차를 타고 싶어하고, 명품을 갖고 싶어하는 건 인간의 자연스러운 욕구야."

'오잉?'

"그런 욕구는 더 열심히 살게 하는 강력한 동력이 되기도 해."

'그럼 나도 BMW를…'

"하지만 장훈이 같은 젊은이들이 외제차 타고, 명품을 사기 시작하면 부자 되기는 어렵지."

'아…'

"사람들이 흔히 하는 위험한 생각이 있어. 나는 최선을 다하고 있다. 앞으로 문제가 생기지 않을 것이다. 오십 대 이후의 미래는 낙관적일 것이다. 최선을 다하고 있기 때문에 앞으로 문제가 생기지 않을 것이고, 오십 대 이후도 지금처럼 괜찮을 거라 낙관하는 거지."

'내 이야기인데?'

"사업에 실패하는 이유가 최선을 다하지 않아서일까? 그렇지 않아."

"그럼, 왜…?"

"내 의지와 상관없이 세상이, 건강이, 가족이 나를 가만히 내버려두질 않아."

'음….'

"젊었을 때의 건강, 사업의 번창은 결코 영원하지 않지."

'아….'

"나 역시 사십 대 때 사업이 아주 잘됐던 시절이 있었어. 그때 밀물처럼 들어온 돈으로 땅을 사고 주식을 샀지. 그 이후 사업이 어려워졌을 때 그간 모은 자산 덕분에 여러 해 동안의 적자에도 버틸 수 있었어. 만약 사업이 잘될 때 폼 잡고 명품 걸치고 다녔다면 진작 쫄딱 망했을 거야. 젊을수록 시간이 지남에 따라 가치가 상승하는 자산에 더 집중해야 해."

"네네."

"그래야만 아플 때, 수입이 끊겼을 때 비참해지지 않아."

공감되는 말씀이다.

어머니 곁에서 간병하던 여자 친구는 취업을 했고 부모님으로부터 독립했다. 연애한 기간이 8년 가까이 됐을 때 나는 그녀에게 청혼했다. 여자 친구에게 아담한 다이아몬드가 박힌 반지를 약지에 끼워주었다. 결혼을 준비하는 과정에서 그 외의 예물은 생략하기로 했다.

결혼을 앞두고 또래 선생님들과 식사 자리를 마련했는데, 그중 한 선생님이 내게 물었다.

"배 샘, 신부한테 무슨 백 사줬어요?"

"백이요?"

"백 선물해야죠."

"아, 에코백 하나 선물했어요."

"뭐야, 키키키."

실제로 결혼식을 앞두고 여자 친구에게 에코백을 사줬다. 필요한 옷이 있어 여자 친구와 스파 브랜드 매장에 갔을 때였다. 여자 친구가 매장에 진열돼 있던 가방을 보고 말했다.

"오빠, 이 가방 예쁘지 않아?"

"오, 그러네."

"가격도 저렴하다. 9,000원이야."

"오빠가 하나 사줄게. 그까이꺼. 하하하."

"그래, 히히히. 키스 해링 작품도 새겨져 있어. 예쁘다."

"키스 해링이 유명한 사람이야?"

"완전 유명하지."

"아, 그래? 그럼 키스 해링의 작품이 새겨져 있으니 90만 원짜리라고 해."

"그래, 히히히."

신랑은 신부에게 명품 백을, 신부는 신랑에게 명품 시계를 사주는 결혼 문화를 모르지 않았다. 다만 여자 친구에게 예물 살 돈으로 투자를 하자고 제안했고 여자 친구도 흔쾌히 동의했다. 결혼 후 맞벌이인 우리는 통장을 따로 관리하고 서로가 돈을 어떻게 쓰는지에 관해서는 일절 간섭하지 않았다. 돈을 더 많이 모으고자 하는 나의 욕구를 결코 아내에게 강요하지 않는다.

가끔은 최대한의 기지를 발휘하여 아내를 설득하기는 한다. 한 번은 아내가 샤넬 백을 살까 고민했다.

"오빠, 이 백 어때? 예쁘지? 이거 하나 살까?"

"오, 예쁘네. 역시 안목이 남달라. (로고가 샤넬이다. 따쒸!)"
"히히, 이거 얼만 줄 알아?"
"한… 200만 원 하나?"
"500만 원도 넘어."
"와우, 자기 정도 되면 샤넬 백은 매줘야지. (그걸 산다고?)"
"히히."
"근데 샤넬 백을 매면 사람들이 부자라고 생각하나?"
"음… 꼭 그렇지는 않은 거 같아."
"그럼 샤넬 백 맨 사람을 보면서 '무리했네'라고 생각할 수도 있겠네?"
"히히, 뭐 그럴 수도."
"샤넬보다 더 비싼 브랜드도 있어?"
"모델마다 차이는 있지만 보통 에르메스가 더 비싸지."
"에르메스를 매면 사람들이 부자라고 생각하나?"
"샤넬보다는 확실히 그런 거 같아. 에르메스는 돈이 있어도 사기 어렵거든."
"그건 무슨 말이야?"
"에르메스의 어떤 백들은 이전 구매 이력이 쌓여야 살 수 있어. 그만큼 구매자를 선별한다는 거지."

"아, 그럼 이렇게 하자. 샤넬 백 살 돈으로 투자를 해서 불리는 거야. 그리고 에르메스를 사는 거지."

"오… 그럴까?"

'이게 통하네?'

"그래, 자기는 에르메스가 어울리는 여자야."

소비 욕구를 더 큰 소비 욕구로 잠재운다는 게 아이러니하지만, 이런 식으로 위기를 넘기다 보면 아예 새로운 국면을 맞이하기도 한다. 하루는 재벌 3세 여성의 패션이 화제된 적이 있었다. 기사를 보던 아내가 반가운 이야기를 한다.

"재벌 3세가 들고 다니는 명품을 나 같은 월급쟁이가 들고 다닌다는 게 말이 돼?"

"진짜 그러네. 와… 자기 정말 인사이트가 대단해!"

'고마워요, 재벌 3세.'

결혼을 몇 달 앞두고 여자 친구의 조부상이 있을 때였다. 부자 아빠의 부탁으로 부의금 받는 책상에 3일 동안 앉아 있었다. 부자 아빠께서 사업을 하시다 보니 문상객 중에도 사업하는 분들이 많았다. 그중 한 분이 들어오는데 얼굴에서 광채가 났다. 초면에도 풍기는 아우라만으로 범상치 않은 인물임을 알 수 있었다.

아버님 회사 직원께서 그분에 대해 귀띔해주시는데 연 매출 3,000억 아동복 브랜드 창업주시란다. 순자산이 수천억. 실례인 줄은 알지만 순간 저런 분은 어떤 구두를 신고 다닐까 궁금했다. 그분께서 식사하시는 동안 화장실에 가는 척 자리에서 일어나 신발장에 정리된 구두를 슬쩍 곁눈질로 확인했다. 예상 외로 10만 원 내외면 살 수 있는 '미소페'라는 브랜드다.

아우라는 명품에서 나오는 게 아니었다. 물론 그 구두가 '페라가모'였다면 그것대로 세련되고 멋있으리라. 그러나 결국 중요한 건 사람이다. 부자는 미소페를 신어도 부티가 나고 빈자는 페라가모를 신어도 빈티가 나는 법이다. 폼 잡는다고 부자가 되는 건 아니다. 부자가 되면 알아서 폼이 잡힌다.

처가에 갔다가 같이 근무했던 직장 동료나 친구들을 만나러 나갈 때면 아버님은 나에게 꼭 밥값을 내라고 말씀하신다. 그래야 부자가 된다면서. 근데… 부자가 되려면 돈 새는 걸 막으라고 하지 않으셨나?

로또 맞은 결혼

결혼을 앞둔 아들과 어머니의 대화다.
"집은 어떻게 할 거니?"
"선이가 자기 사는 집에 그냥 들어오래."
"그럼 네가 혼수를 해가야 하는 거 아냐?"
"살림살이가 다 장만되어 있어."
"그래? 허… 참…."
"아, 전기밥솥 하나만 사오면 좋겠다고 했어."
"참… 어떻게 이럴 수가 있지…."
"허허허."

나와 여자 친구는 8년을 연애했다. 둘 다 직장인으로 자리 잡았고 삶의 변화가 필요한 시점이었다. 여자 친구 부모님께 결혼에 대해 말씀드렸다.

"선이에게 청혼해도 될까요?"

"그건 두 사람이 결정할 문제지."

허락의 의미로 받아들이고 여자 친구에게 프러포즈했다. 분위기 좋은 레스토랑에 예약한 후 미리 맞춤 제작한 커피잔을 맡겼다. 레스토랑 매니저에게 식사가 끝나면 제작한 커피잔에 커피를 담아달라고 부탁했다. 아무것도 모르는 여자 친구는 맛있게 식사를 즐겼고, 나는 식사하는 내내 다소 긴장했다. 식사가 끝나가자 매니저가 다가왔다.

"식사 후 음료로 커피를 가져다 드리겠습니다."

여자 친구가 물었다.

"커피 말고 다른 건 없나요?"

"아… 캐모마일 차가 있긴 합니다만."

"캐모마일 차로 주세요."

예상치 못한 전개에 매니저는 당황했다. 나는 매니저보다 더 당황해서 버벅거렸다.

"캐, 캐모… 뭐?"

돌발상황이다. 나는 캐모마일 차가 뭔지도 몰랐다. 의도한 대로 흘러가려면 커피잔 속이 보이지 않아야 한다.

'아, 투명하면 안 되는데… 캐모, 캐모, 캐모.'

노련한 매니저는 캐모마일 차와 함께 서비스라며 내가 미리 맡겨둔 커피잔에도 커피를 담아 오셨다. 뭔가 있음을 눈치챈 여자 친구는 커피잔을 들었고 잔 받침대에 자기 이름이 적혀 있는 걸 보았다.

"아, 뭐야?"

천천히 커피를 마신 여자 친구는 커피잔 아래에 적혀 있는 글귀를 본다. 'Marry me'. 여자 친구의 눈시울이 붉어진다.

하마터면 보여주지 못할 뻔했던 커피잔에 적힌 글귀

이제 우리는 곧 부부가 된다. 내가 프러포즈한 날짜는 1월 18일이고 결혼한 날은 4월 22일이다. 3개월 남짓의 시간 동안 결혼 준비를 끝냈다. 청첩장 제작을 끝으로 모든 준비를 마친 후에야 상견례를 했다. 순서가 제대로 잘못됐다. 그만큼 양가 부모님은 우리를 믿었고 모든 걸 포용할 준비가 되어 있었다.

속전속결의 결혼 준비가 가능했던 이유는 집 문제가 해결되었기 때문이다. 여자 친구는 취업 후 1년간 오피스텔에서 살다가 눈여겨본 동네에 정착하고 싶다며 대출을 받아 아파트를 샀다. 그녀에게 4, 5년 후 부동산 가격 폭등기가 올 거라는 혜안이 있었던 건 결코 아니었다. 그녀의 부자 아빠가 집을 사라고 조언한 것도 아니었다. 당시는 대출 조건도 지금만큼 까다롭지 않고 금리도 낮았기에 이자를 갚으면서 살 수 있겠다 싶었던 거다. 부자 아빠는 비과세 한도 내에서 도움을 주셨다. 집을 산 김에 살림살이도 제대로 갖췄다. 청혼 후 결혼 준비를 시작할 때 여자 친구가 제안했다.

"오빠, 결혼하면 그냥 내가 살고 있는 집을 신혼집으로 하자."

"음… 대한민국에서는 신랑이 집을 마련하는 게 보편적이긴 한데."

"그런 게 어딨어. 번거롭게 이사할 것도 없잖아."

"넌 정말 혁신적이고 창의적이고 실용적인 거 같아."

"히히, 뭐래."

집 문제는 이렇게 해결하기로 했다는 이야기를 들은 나의 어머니는 믿기 어려워하셨다. 아들의 신혼집 마련을 위해 어떻게 도와줘야 하나 고민하던 어머니는 며느리에게 참 고마워하면서도 이렇게 해도 되나 망설이셨다. 신부가 너무 손해 보는 결혼이 아닐까 생각하셨던 거다.

언젠가 손해 보는 일에 관해 부자 아빠가 물으셨다.

"장훈이는 학교에서 일할 때 손해를 보는 편인가?"

"어떤 의미인가요?"

"월급 받는 만큼만 일을 할까, 아니면 그보다 더 많이 하려고 노력하니?"

"아, 저는 월급 받는 이상은 하려고 노력합니다."

"선생님들과 같이 식사할 때는 밥값을 내는 편이니?"

"선배님들한테는 주로 얻어먹는 것 같고요, 또래들과 먹을 때는 돌아가며 사는 편이에요. 요새는 더치페이 문화도 많고요."

"약속을 잡으면 보통 몇 분 전에 도착하지?"

"시간 맞춰서 정각에 가는 편입니다."

"일할 때 바보처럼 '헤' 할 때가 종종 있나?"

"별로 없는 것 같은데요."

"장훈이는 똑똑한 스타일이라 바보처럼 행동하지 않을 거 같아. 매사에 딱 부러질 것 같고. 손해 보는 행동도 하지 않을 것 같고."

"그런 편이죠."

정확히 보셨다. 나는 손해 보는 걸 못 참는 편이다.

"그런데 때로는 바보처럼 굴어야 할 필요도 있어."

'잉…?'

"바보처럼 지갑도 더 많이 열고, 일도 더 많이 하고, 조직을 위해 불편함도 참고, 억울한 일이 있어도 '허허' 하고 넘어갈 줄도 알고."

'음…'

"대다수 사람은 짜장면 값을 내고 등심을 먹고 싶어해. 등심 값을 내고 기꺼이 짜장면을 먹으려고 하는 사람은 거의 없지."

"그런 것 같네요."

"큰 기회는 누구에게 갈까? 돈은 누구를 따라 갈까? 등심 값을 내고 흔쾌히 짜장면 먹는 사람에게 가기 마련이야."

"아…!"

부자 아빠가 월급 받는 직원이었던 시절, 지방 출장을 떠난 부자 아빠는 찜질방에서 잠을 잤다. 출장 중 사용한 경비는 회사에서 주는 것이지만 회사 돈도 내 돈처럼 아꼈다. 택시를 탈 수도 있었지만 버스를 탔다. 회사 경비라고 해서 단돈 1,000원도 허투루 쓰지 않았다.

거래처와의 미팅에서는 반드시 상대방보다 먼저 도착했다. 혹여 상대방이 약속 시간보다 조금 일찍 도착해도 부자 아빠를 기다릴 일은 없다. 부자 아빠는 약속 시간 1시간 전에 도착하기 때문이다. 상대방의 시간을 소중히 여기는 마음에서다.

요즘 이렇게 일하는 사람이 있다면 다들 바보라고 할 것이다. 어디 일할 때뿐인가. 친구 관계에서도, 연인 관계에서도 손해 보면 바보라고 말한다. 그런데 부자 아빠는 나에게 부자가 되려면 바보처럼 살라고 말씀하셨다. 등심 값을 내고 흔쾌히 짜장면을 먹으라고 하셨다. 손해 보는 사람에게 사람들이 따르고 기회가 따르고 결국 돈도 따라온다고 일러주셨다.

"너로 억지로 오리를 가게 하거든 그 사람과 십리를 동행하고" (마태복음 5:41)

하형록 회장의 책 《P31》을 통해 기꺼이 바보가 되라는 부자 아빠의 조언을 더 잘 이해하게 되었다. 하형록 회장은 미국에서 '팀하스'라는 세계적인 건축 설계 회사를 운영하고 있다. 이 회사의 경영방침 중에 '엑스트라 마일extra mile'이라는 개념이 있다. 고객을 위해 한 걸음 더 나가자는 의미다. 건설 현장에 열 번 나가기로 계약되어 있으면 성실히 열 번 나가는 건 당연한 일이다. 열 번을 채운 후에도 고객이 요청하면 추가 비용 없이 고객의 부탁을 들어준다.

"나는 내 욕망을 위해, 내 출세를 위해 고객과 관계를 맺지 않는다. 오히려 나를 비우고 내가 손해 보는 쪽을 선택하며 고객과 관계를 맺는다." (하형록, 《P31》, 196쪽)

손해 보면서까지 고객을 섬기는 경영 방식은 얼핏 미국 정서와는 맞지 않아 보이지만 하형록 회장의 팀하스는 미국에서 승승장구 중이다. 젊은이들이 가장 일하고 싶어하는 회사로 손꼽힌다. 무리한 부탁으로 팀하스를 힘들게 만

드는 고객에게도 성실하고 일관성 있는 태도로 도와주다 보면 고객의 안하무인적 태도도 바뀐다고 한다. 팀하스가 고객을 존중해주는 만큼 고객도 결국 팀하스를 존중하고 신뢰하게 된다고.

신문에서 본 일화다. 늦은 시간, 어느 노부부가 미국 필라델피아의 작은 모텔에 들어왔다. 부부는 모텔 직원에게 머무를 방이 있는지 물어보았다. 빈 방이 하나도 없는 상태였다. 미소 띤 젊은 직원은 괜찮다면 자신의 방에서 주무시겠느냐고 물었다. 노부부는 직원의 방에서 밤을 보냈다. 다음 날 모텔을 나서던 노인이 직원에게 말했다.

"당신은 이례적인 사람이군요. 당신 같은 사람이 미국 최고 호텔의 총지배인이 돼야 하는데, 내가 언젠가 당신을 위한 호텔을 짓겠소."

2년 후 직원은 노인으로부터 편지를 받는다. 뉴욕으로 가는 항공권이 동봉되어 있었다. 뉴욕으로 간 직원은 하늘 높이 솟은 건물을 보게 된다. 노인이 건물을 가르키며 말했다.

"당신이 여기에 들어설 호텔의 총지배인을 맡아주면 좋겠소."

젊은 직원의 이름은 조지 볼트^{George C. Boldt}인데, 후에 그는 호텔왕으로 불린다.

일본 기업 경영의 역사를 다시 썼다고 평가받는 이나모리 가즈오는 그의 책 《왜 사업하는가》에서 다음과 같이 말했다. "사업의 세계에서 나보다 남을 먼저 위하는 마음은 때로는 돌고 돌아 눈덩이처럼 거대해져 자신에게 다시 돌아오곤 한다." 동서고금을 막론하고 희생하는 정신은 결국 통하기 마련인가 보다.

부자 아빠가 회사 대표가 되기 전의 이야기다. 회사가 부도 위험에 처했다. 직원들의 월급도 제대로 채워줄 수 없는 상황까지 온 것이다. 부자 아빠가 대표는 아니었지만 회사를 이끌어가는 중요한 위치에 있었다. 부자 아빠는 사비를 털었다. 자신의 돈으로 직원들의 모자란 월급을 채워준 것이다.

최근에서야 이 이야기를 듣게 되었는데 정말 충격이었다. 나라면 어떤 선택을 했을까? 월급을 줄 수 없을 정도로 회사가 위기에 처했다면 제일 먼저 이직을 고민하지 않았을까? 그게 보통 사람의 선택 아닐까? 어떻게 직원이 직원들의 월급을 채워줄 생각을 할 수 있는 걸까.

그 당시 장인어른은 부자도 아니었다. 물론 직원이 10명 남짓인 규모가 작은 사업체라 가능한 일이었을 것이다. 하지만 나였다면 절대 하지 못했을 결정이다. 사람이길 포기하며 산다는 말의 무게를 더욱 묵직하게 실감했다. 부자 아빠는 바보처럼 손해 보며 희생했지만 시간이 흘러 부자가 되었다. 기꺼이 손해 볼 수 있는 사람이 부자가 된다.

그 아빠에 그 딸인 걸까. 아내는 보통의 시각에서 보면 크게 손해 보는 것 같은 결혼에 개의치 않았다. 집도 혼수도 다 아내가 마련했다. 나는 하이마트에서 진열 상품으로 세일하는 전기밥솥을 하나 샀을 뿐이다. 예단은 생략하자고 말씀드렸지만 처가에서는 예단도 넘치게 보내주셨다. 여자 친구는 나에게 어떤 명품백이나 보석도 요구하지 않았다. 결혼 이후에도 자신에게 쏠렸던 결혼 예산을 빌미로 어떤 권리도 주장하려 하지 않았다. 단 한 번의 생색이 없었다.

그녀의 시부모님은 부자가 아니다. 세련됨과는 아주 거리가 멀다. 며느리 어깨에 샤넬 백을 메어주고, 손목에 까르띠에 시계를 채워주시는 분들이 아니다. 샤넬, 까르띠에가 뭔지도 모르신다. 그저 예나 지금이나 시골에서 쑥떡을 지어 며느리 입에 넣어줄 뿐이다. 아내 역시 대학생 때나 지금이나 그 쑥떡을 맛나게도 먹으며 "우리 어머니 최고"라고 말한다. 제대로 '로또 맞은 결혼'이다.

문득 아내에게 프러포즈했던 레스토랑의 매니저가 생각난다. 그분은 나를 위해 엑스트라 마일을 베풀어주셨다. 고객 입장에서 청혼의 순간을 더 아름답게 만들어주기 위해 서비스를 베풀어준 그분이 꼭 부자가 되었으면 좋겠다.

그나저나 이렇게 재수 좋은 놈이 또 있을까. 이 여자를 사로잡은 나의 매력 포인트는 무엇이었을까? 풉!

장인어른과의
100만 원짜리 내기

 꼬꼬마 시절, 아빠는 내가 원하는 모든 걸 내 손에 쥐어주셨다. 꼬꼬마가 갖고 싶어해 봐야 헬륨 가스 채워진 풍선이나 초코파이가 전부였을 테니. 초등학교 3학년 때인가, 친구 집에 가서 처음 장난감 '레고'를 갖고 놀아본 나는 집에 와서 엄마에게 레고를 사달라고 졸랐다. 엄마는 내 손을 잡고 장난감 가게에 갔다. 가격표를 확인한 엄마는 아들 손에 레고를 쥐어주지 못하고 돌아와야 했다.

 그날 밤, 엄마는 아빠에게 무슨 말을 했을까. "장훈이가 레고를 갖고 싶어해서 장난감 가게에 갔는데 너무 비싸서 그냥 돌아와야만 했어." 아빠가 말했겠지. "다음 달이 되면 사줄 수 있을 거야." 다음 달은 왔지만 레고는 내 품으로 오지 않았다.

중학생이 되었다. 내가 갖고 싶어하는 물건의 가격은 더 비싸졌다. 자전거가 필요했고, 컴퓨터가 갖고 싶었다. 아빠는 여전히 다음 달을 기약했다. 한참 뒤에야 자전거가, 컴퓨터가 내게 오긴 했다. 새 물건은 아니고 좀 여유 있는 친척네 집에서 얻어온 것들이었다.

대학생이 되어서는 노트북이 필요했다. 엄마에게 말했고, 엄마는 아빠에게 말했다. 아빠는 나에게 전화해 다음 학기에 사주겠다 약속했다. 머리가 좀 큰 나는 더 이상 아빠의 말을 신뢰하지 않았기에 과외를 해서 번 돈으로 중고 노트북을 샀다. 교사가 된 후, 아빠는 나에게 1년 뒤 차를 사주겠다고 말씀하셨다. 그냥 흘려들었다.

아들이 원하는 것들을 쥐어주지 못하는 아빠의 마음은 얼마나 속상했을까. 하지만 그 마음과는 별개로 아빠의 말은 허언이었다. 아빠는 약속을 지키기 위한 구체적인 계획도, 약속을 지키지 못해서 미안하다는 사과도 없었다. 쉽게 약속했고, 쉽게 잊으셨다. 나의 가난한 아빠가 자주

하시는 말씀이 있다.

"어떻게든 되겠지."

"내가 알아서 할게. 걱정하지 마."

그러나 어떻게든, 알아서 되는 경우는 별로 없다. 뒷수습은 아내의, 자식의 몫이다.

아버지는 육십 대 중반에 대장암 진단을 받으셨다. 평생 건강할 줄 아셨는지 보험 하나 가입해둔 것이 없었다. 모아둔 목돈은 말할 것도 없고. 어머니께서 오래전 가입해둔 암 보험 덕분에 아버지는 수술을 받을 수 있었다. 아버지는 아무런 노후대책도 없으시다. 국민연금을 받기 위해 필요한 돈도 자식들이 마련해줬다. 그래도 아버지는 낙천적이시다. 허언일지언정 큰소리치며 내지르는 시원함이 있다.

결혼 후 고모 집에 인사를 드리러 갔을 때였다. 고모는 '똘기'와 웃음으로 무장하신 분이다. 다 같이 모여 이야기하며 한참을 깔깔대다가 고모는 갑자기 다소곳한 말투로 아내에게 공손히 물으셨다.

"근데 왜 우리 장훈이랑 결혼하셨어요?"

"아… 오빠는 허세가 없어서요."

나에게는 왜 아내와 결혼했는지 아무도 묻지 않는다. 그저 아내에게 잘하라고 말할 뿐이다. 반면, 아내는 그런 질문을 많이 받는다. 특히 나의 가족과 친구들로부터. 아내는 그럴 때마다 웃으며 "오빠 좋은 사람이잖아요"라고 대답할 뿐이다.

어느 날은 나도 정말 궁금했다. 이 여자는 왜 나랑 결혼했을까.

"자기는 왜 나랑 결혼했어?"

"사랑하니까."

"결혼이 사랑만으로 할 순 없는 거잖아?"

"음, 나는 오빠의 말이 좋았어."

"무슨 말?"

"오빠의 말은 긍정적이고 유쾌하면서도 가볍지 않았거든."

우리가 다니던 대학교는 시골에 고즈넉하게 자리 잡고 있었기에 대학생다운 데이트 좀 하려면 버스 타고 시내로 40분은 나가야 했다. 학교로 돌아오는 버스의 배차 간격은 30분 정도였다. 재수 없으면 '남은 시간 28분'이라고 적힌 버스정류장 안내판을 보며 하염없이 기다려야 했다.

나는 여자 친구에게 나랑 다니면 버스가 금방 온다는 말도 안 되는 호언을 했다. 그리고 운 좋게 실제로 버스가 금방 오면 "봤지?" 하면서 이 일을 여자 친구가 두고두고 기억할 수 있도록 강조했다. 버스가 곧 올 거라 호언했는데 남은 시간이 20분도 넘는 걸 확인하면 다른 주제의 말을 꺼내서 최선을 다해 아내를 웃겼다. 기다리는 시간이 최대한 짧게 느껴지도록.

너무나 사소하고 귀여운 사례이긴 하나 나는 실제로 긍정적이고 유쾌하다. 아버지처럼 시원하게 내지르는 맛도 있다. 역시 피는 못 속인다.

8년이라는 시간 동안 연애하면서 아내에게 참 많은 약속을 했고, 계획을 이야기하고, 포부를 펼쳤다. 내가 한 그 말들을 현실로 만들기 위해 노력하는 모습이 좋았다고 아내는 말했다. 포부는 넘치는데 그걸 현실로 만들기 위한 한 땀 한 땀이 없었다면 그저 허세 가득한 실속 없는 남자 친구로 전락해 이별을 통보받았을 거다. 다행히도 나는 말이 가벼워서는 안 됨을 아버지로부터 반면교사로 배웠나 보다.

아내의 부자 아빠도 늘 호언했다. 호언을 넘어서서 현실을 왜곡하는 언어를 구사했다. 소나타를 타고 가다가 고급 외제차가 지나가면 부자 아빠는 말했다. "어, 저기 내 차가 지나가네?" 더 좋은 동네를 지나가면서는 "우리 집이 여기 있네"라는 식으로 부자 아빠는 남의 차, 남의 집을 보며 곧 우리 차, 우리 집이 될 거라고 딸에게 장담했다.

시간이 흘러 부자 아빠는 정말 그 차를 타고 다녔고, 그 집에서 출퇴근하게 되었다. 부자 아빠의 딸은 아빠의 말이 하나하나 현실이 되는 마법을 보고 자랐다. 부자 아빠의 말은 허언이 아니었다. 유쾌한 호언이 가볍지는 않았던 것이다. 부자 아빠는 늘 치열하게 이루어내셨다.

그러나 부자 아빠에게도 어려운 일은 있다.

"우리 아빠가 지키지 않은 약속이 딱 하나 있어."

"그게 뭐야?"

"뱃살 뺀다는 약속."

부자 아빠의 배는 섭섭지 않게 팽창해 있다. 달달한 탄수화물을 못 참는 편이시다. 뱃살 빼기는 부자 아빠에게도 어려운가 보다.

나 역시 결혼 전 아내에게 평생 배 나온 아저씨는 되지 않겠다고 호언했는데 허언이 될 위기에 처했다. 달달한 탄

수화물을 보면 폭주하기 때문이다. 사십 대 이후에도 뱃살 없는 아저씨들께 특별한 존경을 표한다.

처가에서 늦은 점심 식사를 한 날의 일이다. 가장 먼저 식사를 마치신 장인어른께서 호언하셨다.

"아우 배불러. 저녁은 생략. 내가 이 시간 이후로 뭘 더 먹으면 여기 있는 사람들한테 100만 원씩 준다."

몇 시간이 흘렀다. 아버님은 출출하셨는지 식탁에 놓여 있는 쌀강정을 별생각 없이 드셨고 그 모습을 아내가 포착했다.

"어, 아빠! 지금 뭐 먹었어. 오예!"

장인어른은 그저 "허허허" 하고 웃으셨다.

집으로 돌아오는 차 안에서 아내가 말했다.

"아빠가 100만 원 주시면 뭐 하지?"

"100만 원을 왜 주셔?"

"아까 뭐 더 먹으면 100만 원씩 나눠 주신다고 했잖아."

"에이, 그냥 농담하신 거겠지."

"아닐걸? 히히."

실제로 다음 만남에서 부자 아빠는 나와 아내에게 100만 원씩 주셨다. 쌀강정 먹는 아빠를 발견한 아내의 환호성은

100만 원을 획득한 자의 포효였던 것이다. 부자 아빠는 꺼낸 말을 쉽게 잊지 않으셨다. 부자의 언어는 유쾌하지만 가볍지 않다.

부자 아빠와 만난 지는 14년, 가족이 된 지는 7년이 지났다. 많은 시간을 함께하면서 부자 아빠가 단 한 번도 "어떻게든 되겠지"라고 말씀하시는 걸 들어본 적이 없다.

"나는 75세까지 회사 7시 출근을 유지할 거야."

"75세 이후에는 좀 더 여유를 갖고 회사를 오가겠지만 85세까지 현역으로 있을 거고."

"은퇴한 이후에도 골프 치고 살 거기 때문에 한 달 생활비가 얼마 정도 필요할 거고 그건 이렇게 충당될 거야."

"죽어서는 ○○에 있는 산에 수목장을 해줘."

육십 대 후반인 부자 아빠는 지금까지 그래왔듯, 앞으로의 계획이 다 있다. 하나하나 준비하고 계신다. 자신의 삶을 운에 맡기거나, 신에게 기도하고 나 몰라라 하지 않는다. 사람이 어찌할 수 있는 일은 본인의 계획과 노력으로 극복하려 애쓰신다.

부자 아빠는 나에게도 인생 계획서를 쓰라고 말씀하신다. 결혼하기 전 부자 아빠에게 세 번이나 인생 계획서를 써서 제출했다. 부자 아빠는 예비 사위가 본질적으로 어떤 사람인지, 어떤 목표와 계획을 갖고 어느 방향으로 나아가는지 궁금해하셨다. 세 번째 인생 계획서는 거의 논문 수준이었다.

100억을 벌겠다는 계획

대학 졸업을 앞두고 한창 교사 임용 준비를 할 때였다.

"오빠."

여자 친구의 말이 묵직하다. 이젠 감이 온다. 아버지께서 무언가 지시하셨구나.

"응, 뭔데?"

"아빠가 오빠한테…."

"편하게 얘기해."

"아빠가 오빠의 인생 계획서를 보고 싶으시대."

"인생… 뭐?"

"인생 계획서."

"인생 계획서가 뭐지?"

"앞으로 인생을 어떤 방향으로 살아갈 건지, 뭐 그런 내용? 미안해 오빠."

"하하. 어쨌든 알겠어. 써보지 뭐."

여자 친구와 교제한 지 2년이 좀 안 됐을 때였다. 부자 아빠는 나의 인생 계획서를 보고 싶어하셨다. 부자 아빠와의 왕래는 별장에서의 1박 2일과 신문 기사가 전부였을 때였다. 당시 나는 주로 대학 도서관에서 시간을 보내며 신규 교사 채용 시험 준비를 하고 있었다. 시험 준비를 잠시 멈추고 도서관에 앉아 각 잡고 인생 계획서를 고민했다. 어떤 말들로 채워야 하나. 계획서라고 하면 초등학교 때 과제로 작성한 방학 계획서밖에 떠오르질 않았다.

나는 성실한 사람이었다. 그저 하루하루 열심히 살다 보면 뭐라도 되지 않을까 생각하며 나에게 주어진 과업을 성실히 이행했다. 계획한 대로 인생이 흘러가리라는 보장도 없는데 굳이 계획을 세워야 할까, 하는 회의적인 마음도 있었다. 이런 생각에는 엄마의 영향이 컸다.

"내일 일을 위하여 염려하지 말라. 내일 일은 내일이 염

려할 것이요. 한 날의 괴로움은 그 날로 족하니라." (마태복음 6:34)

엄마의 신앙심은 대단했다. 내일 일을 염려하며 미래를 계획하는 건 믿음의 부족을 반증하는 거였다. 10년 뒤, 20년 뒤를 물으면 내일 일은 내일 염려하자고 하셨다. 수고도 아니하고 길쌈도 아니하는 들의 백합화도 하나님께서 입히시는데 뭐가 걱정이냐고 나무라셨다.

"오직 너희를 위하여 보물을 하늘에 쌓아 두라. 네 보물이 있는 그곳에 네 마음도 있느니라." (마태복음 6:20)

엄마는 아침, 저녁으로 가정 예배를 드리며 부귀영화를 원치 않는다는, 오직 하늘 가기만을 소망한다는 노랫말의 찬송가를 부르셨다. 세상에 마음을 두지 말라 하셨고 세상에 재물을 쌓으면 천국과는 멀어진다 가르치셨다. 그저 우리에게 오늘 하루가 주어졌음에 감사해하며 그날의 업에 최선을 다하면 된다고 말씀하셨다. 자녀들을 어떻게 성공시킬 것인지, 자산을 얼마나 늘려갈 것인지에 관해서는 계획하지 않았다.

우리에겐 인생 계획서가 필요 없었다. 나의 경우, 젊은 날의 포부는 거창했으나 뚜렷한 지도는 없었다. 일단 사범

대를 졸업하니 교사가 되어 결혼하고 자녀도 낳아야 하지 않을까. 나의 인생관에 대해 진솔하게 풀어나갈지, 조금은 뻔하지만 대략 그려지는 미래를 스케치할까 고민했다.

후보 1

선이의 아버님께

"사람이 마음으로 자기의 길을 계획할지라도 그의 걸음을 인도하시는 이는 여호와시니라"

한 치 앞을 모르는 게 사람 인생입니다.
그저 하루하루 최선을 다해 삽니다.

장훈 올림

음… 너무 경건한가?

후보 2

선이의 아버님께

교사가 된 후 선이랑 결혼해서 자녀 둘 낳고 행복하게 살겠습니다.
한 번 믿어보시죠.

장훈 올림

이건 너무 앞서나간다.

후보 1, 2 중에서 고민하다 후보 1을 택한다. 다소 진중한 분위기로. 문구점에 가서 가장 고민을 덜 하고 만든 듯한 편지지와 편지 봉투를 사온다. 펜을 들고 조심스럽게 내용을 덧붙여 써내려가기 시작한다. 요약하면 대략 다음과 같다.

> 선이의 아버님께
>
> 한 치 앞을 모르는 게 인간입니다.
> 그저 저에게 오늘 하루가 주어졌음에 감사하며, 오늘의 분량으로 주어진 노동과 사랑을 소중히 여기며 살아가겠습니다.
>
> 장훈 올림

내가 써놓고 뿌듯해했다. 글 솜씨가 제법 괜찮다. 여자친구 편으로 장인어른께 편지를 보냈다. 답장은 없었다. 아마 장인어른께서 그 편지를 보고 생각하셨을 거다. '선이랑 결혼시키려면 교육을 많이 해야겠구만.'

교사가 된 이후, 부자 아빠와 자주 만나면서 인생 수업을 들었다. 돈, 부자에 대한 생각의 폭이 넓고 깊어졌으며 부자가 되고 싶은 갈망도 생겼다. 하지만 그 갈망을 어떻게 채워가야 할지에 대한 치열한 계획도, 고민도 여전히 없었다. 나에게 한창 돈에 관해, 부자에 관해, 인생에 대해 말씀하셨던 시간이 지나고 부자 아빠께서 물으셨다.

"그래서, 장훈이는 부자가 되고 싶어?"

"네!"

"어느 정도 자산가가 되고 싶은데?"

"100억대요."

"이야."

'너무 높게 불렀나?'

"100억 자산은 어떻게 만들 건데?"

"그러니까, 그게…."

"꿈이 큰 건 좋아. 그런데 구체적인 실현 방안이 있어야지."

"…."

"그렇지 않으면 목소리만 큰 초등학생이 '나는 대통령이 될 거예요'라고 말하는 거랑 뭐가 달라?"

"그러네요…."

"오래전 이야기야. 거래처에서 10년짜리 달력을 선물하더라고. 벽면에 붙일 수 있는."

"네."

"거기에 내 목표를 적었지."

"오!"

"○○년도까지 부동산 등기 ○○개 만들기, 금융자산 얼마 이상 보유, ○○년도에 아내에게 ○○ 차 선물하기. 이런 식으로 말이야. 그리고 잠재의식에도 목표가 각인되도록 그걸 크게 적어서 여기저기 붙여놨어. 목표를 실현하려면 돈을 벌어야 하잖아. '○○년에 몇 건 계약' 이런 식으로 또 세부 목표를 적는 거야. 목표를 이루려면? 구체적인 세부계획을 짰지. 한 달에 거래처 몇 번 방문, 사업가 정기 모임 참석 이런 식으로. 내가 꿈꿨던 모든 것을 이룬 건 아니지만 그래도 하나씩 이뤄가는 걸 보면서 짜릿함을 느꼈지. 장훈이는 이제 막 독립하는 시기인 만큼 자산에 대한 계획뿐만 아니라 커리어에 대한 계획, 가족에 대한 계획, 노후에 대한 계획도 있어야지. 인생 계획서를 다시 써봐."

부자 아빠의 조언을 참고해서 고민을 시작했다. '저는 이런 목표가 있고, 이렇게 이뤄가겠습니다'라고 하기에는 내가 그리는 미래가 아직은 불명확했다. 몇 달 후 그냥 솔직하게 고민되는 점들을 적어서 부자 아빠께 보여드렸다. 인생 계획서보다는 '인생 고민서'에 가까웠다.

부자 아빠는 본인의 딸과 나를 데리고 북악스카이웨이

로 드라이브를 갔다. 팔각정에서 저 멀리 서울 평창동의 고급 주택들을 바라보며 우리는 이야기를 나눴다.

"결국 인생 계획은 본질적으로 내가 어떤 사람인지에 대한 이해에서 출발해야 할 거 같아. 매일매일 스스로에게 질문을 던져봐. 나는 누구인가, 내가 좋아하는 건 무엇인가, 내가 잘하는 건 무엇인가, 난 무얼 하고 싶은가, 고통을 극복할 수 있는 힘은 무엇일까."

그날 이후, 한동안 여자 친구와 나의 데이트는 멜로에서 다큐멘터리로 장르가 바뀌었다. 우리는 자아를 탐색했고 보지 못했던 세상을 찾아다녔다. 막연하게 소망하던 것들을 뚜렷하게 만져보기 위해서는 얼마가 필요한지 계산했다. 자녀는 몇 명을 낳아야 우리 가족이 완성될지 토론했고, 인간의 무력감 앞에선 무얼 의지하며 버텨내야 할지 함께 고민했다. 그러고 나서 우리 인생 설계도를 그려나갔다.

8개월 후 장인어른께 세 번째 인생 계획서를 제출했다. 수많은 각주와 도표로 정말 고민을 많이 하고 작성했음을 표현했다. 대략 이런 내용이었다. 결혼을 한다. 세 명의 자녀를 낳아 기른다. 시간이 지남에 따라 아파트 평수가 넓어지고 자동차 엠블럼의 급이 올라간다. 서른부터 여든까지 3년마다 1억을 모은다. 3년마다 1억을 모으고 매년 복리로 6%의 수익을 올린다. 이를 대한민국 고등학교 수학 교육과정에서 배우는 등비수열의 합을 적용해서 계산해 본다. 단위는 억이다.

$$\frac{1 \times \{(1.06^3)^{17} - 1\}}{(1.06)^3 - 1} ≒ 97.47$$

등비수열로 계산했을 때 서른부터 여든까지 3년마다 1억을 모으고
매년 복리로 6%의 수익을 올리면 97억이 된다.

무려 97억이다. 81세부터는 일을 그만한다. 3년마다 1억 모으는 건 끝이다. 매년 복리로 6% 수익만 올린다. 10년 뒤면 173억이 된다. 120세까지 무병장수하다 자녀들에게 필요한 만큼의 자산을 남기고 사회에 환원한다.

끝내준다. 하하하. 이건 뭐 인생 계획서라기보다는 희망 회로도에 가깝다. 내가 계획한 것 중 뭐 하나 쉬운 게 없다. 자녀 세 명을 낳아 기르는 것, 세 명을 양육하면서 3년마다 1억씩 모으는 것, 매년 6%의 수익을 올리는 것, 80세까지 일하는 것, 120세까지 무병장수하는 것 모두 가능성이 희박한 일들이다.

인생 계획서를 완성해놓고 혼자 웃음이 났다. 그럼에도 동시에 묘한 기분이 들었다. 이제 막 도입 부분을 넘긴 영화가 앞으로 어떻게 전개될지 너무 궁금해 참지 못하고 빠르게 화면을 넘기며 영화 끝까지 재생했다가 다시 돌아온 느낌이랄까. 터무니없어 보이는 희망회로가 내 앞에 펼쳐지지 않으리란 법도 없다.

10페이지도 훌쩍 넘는 인생 계획서를 인쇄해서 아버님, 어머님께 보여드렸다. 여자 친구와 연애한 지 5년. 사위가 될 가능성이 농후한 이십 대 젊은이의 당차지만 무모한 인생 계획서였다. 부자 아빠는 진지하게 검토하셨다. 더 이상 새로운 인생 계획서를 요구하지 않으셨다.

3년 뒤 결혼식을 앞두고 부자 아빠는 한마디 하셨다. "하객들 앞에서 인생 계획서를 한 장, 한 장 읽는 게 어때?" 실제로 결혼식장에서 읽지는 않았다.

2008년 봄이었던가. 강원도 고성군에서 군 복무 중이었다. 하루하루 별 의미 없는 삽질만 오가던 때, 내무반에 멍하니 앉아 있는데 TV에서 내 눈을 사로잡는 영상 하나가 흘러나왔다. 김동률의 노래 〈출발〉 뮤직비디오였다. 중국 어느 소수 민족 사람들, 과거를 박제해놓은 듯한 고성古城,

너른 들판과 높이 솟은 설산. 저기다. 저길 가야겠어.

"나 전역하면 저기 갈 거야."

나 말고는 아무도 주목하지 않던 그 뮤직비디오에 내무반에 있던 까까머리들의 시선이 고정된다.

"에이, 배 상병님~ 전역하셔도 아마 뮤직비디오만 보고 계실 것 같은데요?"

군대 전역 후 배낭을 싼다. 목표지에 대한 정보는 중국 윈난 성의 '리장'이라는 도시 이름뿐. 여행 가이드북도 중국어 구사 능력도 없다. 중국 지도 한 장뿐이다. 인천에서 배를 타고 칭다오, 칭다오에서 버스 타고 지난, 지난에서 기차 타고 충칭, 충칭에서 기차 타고 쿤밍, 쿤밍에서 기차 타고 대리, 대리에서 히치하이킹으로 리장. 고지대에 자리 잡은 찻집을 찾아간다. 이어폰을 귀에 꽂는다. 김동률의 〈출발〉이 흘러나온다. 한눈에 들어오는 고성을 바라보며 엽서를 쓴다. 후임들에게. 나 지금 여기 진짜 왔어.

꿈꾸던 세상, 상상하던 미래가 지금 여기 내 발 위에 있게 되는 경험. 이게 바로 우리 인생이 선사하는 짜릿함 아닐까? 100억대의 자산가가 되겠다고 했던 나의 선언은 언젠가 생생한 현실이 될까?

인생 계획서를 제출한 지 10년이 지났다. 나는 계획했던 대로 살아가고 있을까? 자녀 둘을 낳아 기르고 있다. 아내는 셋째를 갖자고 말한다. 3년에 1억씩 모으는 건 어떻게 됐을까. 계획서대로라면 원금으로 3억, 투자 수익으로 6,000만 원, 해서 3억 6,000만 원은 내 수중에 있어야 한다. 저연차 교사 월급으로 3년마다 1억을 모으려면 숨만 쉬고 살아도 어렵다. 그러나 포기하지 마라. 세상은 꿈꾸는 자의 것이라 했던가. 예상치 못한 놀라운 일이 내 앞에 펼쳐지기 시작했다.

  이제 본격적으로 돈 버는 이야기를 해보자.

투자를
시작하겠습니다

부자 아빠는 투자에 앞서 내게 두 가지만 약속하라고 했다.

첫째, 절대 매도하지 마라.

둘째, 아무에게도 이야기하지 마라.

5년 치 교사 월급으로
2억 만들기

 대학 졸업 후 중학교에서 교직생활을 시작했다. 2012년 3월 16일, 첫 월급이 통장의 문을 두드렸다. 1,700,210원. 요 귀요미 녀석. 아담함을 넘어서 모자람이 충분한 쪼꼬미.
 연금, 교직원공제회 장기 저축, 세금 등을 모두 제하고 통장에 딱 찍힌 실수령 금액이 저 귀요미 녀석이었던 거다. 첫 월급인 만큼 부모님께 용돈을 드리고, 여자 친구에게 줄 선물을 사고, 친구들에게 밥을 사고 하다 보니 3월 말도 되지 않아 통장은 밑바닥을 드러내기 시작했다. 4월 중순까지 숨만 쉬고 살아야 하나 싶었는데 다행히 3월 말에 방과후 수업비로 40만 원가량이 들어왔다. 또 이곳저곳 필요하다 싶은 곳에 쓰다 보니 통장은 금세 텅 비었다. 4월도 비슷한 패턴이었다. 4월 말이 되기도 전에 통장은 비었고 방과후 수업비를 수혈받아 간신히 다음 월급날까지 버텼다.

3~4월 두 달 동안 선생님들과도 어느 정도 친해지고 학교 분위기 파악도 끝났다. 5월부터는 내가 고등학생 시절부터 꿈꾸던 로망을 학교에서 펼치기 시작했다. 내게는 교사가 되면 길을 잃고 헤매는 학생들을 모아 정신교육으로 무장하여 새 사람으로 만들겠다는 다부진 포부가 있었다.

당시 학교에서는 수학, 영어 과목의 학업 성취도 기준 미달 학생들을 대상으로 '스텝업'이라는 방과 후 수업을 운영했다. 오후 4시 30분부터 5시 15분까지 계획된 수업. 정신 교육이 필요한 학생들이 딱 모여 있었다. 학교 일과를 마치고 PC방으로 등교해서 게임을 해야 하는데 억지로 앉혀놓고 수학을 배우게 하니 좀이 좀 쑤셨을까? 패잔병들처럼 기가 죽어, 허리는 굽어 있고 두 손으로 턱을 괴어 간신히 고개를 숙이지 않으려 버티면서 몸을 배배 꼬던 14명의 남학생.

이 학생들을 대상으로 45분만 수업하고 퇴근하면 됐지만 나는 퇴근하지 않았다. 학생들에게 저녁을 먹고 다시 교실로 오라고 했다. 그날 학습한 내용을 14명의 학생이 모두 이해할 때까지 수업을 끝내지 않았다. 5시 15분까지 하기로 한 수업은 어느새 밤 9시가 넘어야 끝나는 수업으로 바뀌었다. 시험 기간이 다가오면 밤 10시까지 수업이 이어지기도 했다.

여자 친구에게 오후 5시에 전화가 오면 "오빠 수업 중", 저녁 7시에 전화가 오면 "미안, 오빠 아직 수업 중", 저녁 9시에 전화가 오면 "진짜 미안, 지금 정리 중. 조금만 있다가 전화할게" 하는 날들이 이어졌다.

수당은 애초에 계약된 45분 수업 분량만큼만 받았다. 초과근무수당이 있는지도 몰랐다. 이후 시간에 대해서는 아무 보수 없이 밤 9시, 10시까지 학생들을 가르쳤다. 학부모님들도, 학교 관리자들도 매우 좋아하셨다. 교감 선생님께서는 거의 내게 뽀뽀를 할 기세였다. 믿기 어렵겠지만 학생들도 재밌어했다.

일찌감치 수학을 포기하려던 학생들을 늦은 시간까지 붙들어둔 비결이 있었다. 경험은 부족하고 의욕만 넘치던 초임 교사가 생각해낸 특단의 비결이란, 우리 선조들이 아주 오래오래 사용했지만 그 방식이 너무나도 폭력적이고 미개하다고 판단되기에 지금은 법적으로 금지된 '회초리'였다.

개념과 문제 풀이를 설명하고 가장 기초적인 여덟 문제로 구성된 쪽지 시험을 보았다. 한 문제 틀리는 데 회초리 하나, 나는 최선을 다해 휘둘렀다. 깜빡하고 이름을 쓰지 않으면 0점 처리를 했다. 효과는 '직방'이었다. 학생들은 그야말로 초집중했다. 흐리멍덩했던 눈빛이, 틀리지 않으려는 일념으로 반짝거렸다.

첫 시험에서는 대다수의 학생이 여섯 대 이상씩 맞는다. 바로 10분 뒤, 문제의 숫자만 바꿔서 두 번째 시험을 본다. 시키지도 않았는데 서로 질문하고 가르쳐주는 '하브루타 학습'이 이루어진다. 밤 9시가 다가오면 학생들은 더 이상 틀리지 않는다. 여섯 대의 매 타작이 두 대, 한 대로 줄고 마침내 한 문제도 틀리지 않게 된 학생들은 미친듯이 포효한다. 도파민이 넘쳐난다. 월드컵 골 세리머니가 초라할 정도다.

어느 순간, 더 이상 매는 필요 없을 것 같아 회초리를 넣어 두었는데 학생들이 '다시 꺼내달라'고 요청했다. 100점을 맞으면 회초리를 맞지 않아도 되는 상황에서 뿜어져 나오는 도파민에 중독된 거다.

내가 근무하던 학교는 중학교와 고등학교가 한 캠퍼스에 있었다. 밤 늦게까지 나와 함께 수학을 공부한 학생들은 대다수 같은 캠퍼스에 있는 고등학교로 진학했다. 이 학생들이 고등학교 2학년이 되던 해, 나도 고등학교로 적을 옮겼다. 교직 첫 해 만난 중학교 2학년 학생들이 고등학교를 졸업할 때까지 5년 동안이나 이렇게 살았다. 물론 고등학교에서는 회초리를 들지 않았다. 고등학교에서 회초리를 들면 어느 순간 내가 학생들에게 맞고 있을 것만 같았다.

교직 생활 첫 해에는 학교 근처 원룸에서 살았는데 2년 차부터는 학교 관사로 숙소를 옮겨서 진짜 말 그대로 학교에서 살았다. 고등학교에서 근무할 때는 아침 6시 30분부터 밤 11시까지 학생들과 온종일 시간을 보냈다. 명절도 없었다. 나는 열정이 지나치게 넘치는 교사였고, 학교는 이런 나를 잘 활용했다. 이렇게 살다 보니 특별히 의도하지 않았는데도 돈이 모였다.

학교 관사에 살면서 들어가는 주거 비용은 원룸보다 싸고, 삼시세끼 학교에서 먹는 급식은 가격도 저렴한데 영양가는 풍부했다. 헬스장 회원권이 없어도 뛰고 싶으면 운동장에서 뛰면 되고, 근육을 찢고 싶으면 턱걸이를 하면 된다. 또래 선생님들, 친구들과 어울려 노는 일은 분기별 행사였을 정도로 뜸했다. 돈이 들어갈 데라고는 여자 친구를 만나러 가기 위해 지출한 교통비와 데이트 비용, 각종 경조사의 부조금 정도였다.

이러다 보니 대단히 아끼겠다는 결의 없이 필요한 데 돈을 쓰면서도 자연스레 월급 실수령액의 50% 이상은 저축할 수 있었다. 교사로 일한 첫 해 5월부터 월 120만 원짜리 1년 만기 적금을 부었고, 차차 금액을 올려 5년 차 때는 월 150만 원씩 저축했다.

가끔 굵직하게 목돈이 빠질 때도 있었다. 주로 여행 비용이었다. 부모님을 모시고 베트남 여행, 여자 친구와 필리핀 해외 봉사, 혼자 인도 여행, 기타 국내 여행 등등.

각종 비용을 빼고 결산하면 2012년부터 2016년까지 5년의 세월 동안 7,500만 원가량을 모았다.

부자 아빠에게 본격적으로 부자 수업을 듣기 시작한 건 2014년부터였다. 별다른 생각 없이 적금만 붓는 게 맞나 싶어 부자 아빠께 질문했다.

"아버님! 주거 마련 대비 통장, 자녀 교육 대비 통장 등 등 각각의 목적을 갖고 돈을 따로따로 모아야 할까요?"

"돈은 뭉쳐있을 때 힘이 센 법이야."

"아… 그렇군요!"

그리하여 계속 별생각 없이 돈을 모았다. 아직 투자에 대해서는 본격적으로 배우지 않았고 나도 학교 일에 빠져 사느라 딱히 관심을 두지 않았다. 그러다 2017년 가을, 부자 아빠가 전화를 하셨다.

"여유 있을 때 서울로 한 번 올라와."

"당장 가겠습니다."

부자 아빠는 만나자마자 책 한 권을 주셨다. 가상화폐에 관한 책이었다.

"비트코인이라고 들어봤어?"

"아니요."

당시는 아직 우리나라에 본격적으로 가상화폐 광풍이 불어오기 전이라 비트코인이나 가상화폐가 언론에 자주 언급되지 않았다. 부자 아빠는 서류가방을 가져오셨다. 가방을 열자 그간 모으고 모아서 빽빽이 들어찬 신문 기사와 경제 매거진 쪼가리들이 보였다. 가상화폐에 관한 기사들이었다.

"내가 몇 달 전부터 가상화폐에 관해 공부하고 있거든?"

"아!"

"돈 벌 수 있는 기회가 왔어."

"오우!"

"있는 돈 끌어 모아서 가상화폐를 사. 대신 두 가지 약속만 지켜줘."

"그게 뭐죠?"

"첫 번째, 절대 팔지 말 것. 두 번째, 누구에게도 말하지 말 것."

그게 뭐 어려운 일이라고. 나는 부자 아빠가 주식으로 꽤나 큰돈을 굴리고 있다는 걸 알고 있었다. 내심 나에게도 종목을 알려주면 매수할 텐데, 생각하던 차였다. 그런데 웬걸, 가상화폐라니. 부자 아빠가 그간 모은 신문 기사를 보며 나는 확신했다, 뭔가 있긴 있구나.

수중에 모인 7,500만 원 중 얼마를 가상화폐에 투자해야 할까. 빗썸에 가입하고 거래소에 찍히는 비트코인의 가격을 확인하니 하루가 멀다 하고 치솟는 게 아닌가. 나는 조바심이 났다. 그리고 과감히 6,000만 원을 투자하기로 했다. 남은 1,500만 원 중 1,000만 원은 당시 다니던 교회 건축 헌금으로 기부하고 500만 원을 예비비로 남겨뒀다.

투자는 정말 간단했다. 빗썸 앱을 설치하고 계좌를 연결하고 6,000만 원 송금. 마지막으로 깔끔하게 1,500만 원씩 네 가지 종류의 가상화폐 매수. 손가락으로 휴대폰 화면을 몇 번만 움직이니 그간 은행 통장에서 가지런히 누워 자고 있던 6,000만 원이 위아래로 정신없이 달리기 시작했다. 혹시나 해서 통장에 남겨둔 500만 원마저 며칠 뒤 시원하게 가상화폐로 바꿨다, 가즈아!

나의 6,500만 원은 어떻게 됐을까? 2억으로 몸집이 커지는 데 두 달도 안 걸렸다. 부자 아빠는 급격한 코인의 변동성 속에서 내가 정신을 잃을까 봐 자주 전화를 해서 말씀하셨다.

2억 원이 넘는 돈이 들어 있는 빗썸 계좌

"절대 매매하지 마라. 절대 아무에게도 말하지 마라. 투자는 머리로 하는 게 아니라 엉덩이로 하는 거다."

순서가 좀 잘못된 것 같기도 하지만 가상화폐를 매수한 이후, 부자 아빠의 투자 수업이 본격적으로 시작되었다.

부자학개론은 끝났다. 이제는 실습을 동반한 심화 수업이 문을 열었다.

그나저나 나는 부자 아빠와의 약속을 잘 지켰을까? 별거 아니라고 생각한 그 약속은 실제로 투자 세계에 풍당 뛰어 들어가보니 '별거'였다.

부자 아빠와의
두 가지 약속

 부자 아빠는 투자에 앞서 내게 두 가지만 약속하라고 했다. 첫째, 절대 매도하지 마라. 둘째, 아무에게도 이야기하지 마라.

 결론부터 미리 말하면 나는 두 가지 약속을 모두 어겼다.

 "장훈아, 나는 주식 투자를 오래 해왔잖아."

 "네."

 "주식 투자를 인베스트먼트 관점으로 접근하는 사람이 있고, 트레이딩 관점으로 접근하는 사람이 있어."

 "네."

'인베스트먼트 관점'이란 '기업의 가치를 보고 장기간 주식을 보유하는 것'을 의미하고, '트레이딩 관점'이란 오로지 '주가의 움직임만 보고 단기간 내에 사고파는 것'을 의미한다.

"장훈아, 나는 인베스트먼트 관점에서 투자했기 때문에 주식으로 돈을 벌 수 있었다고 생각해."

"아하."

"트레이딩은 결국 0으로 수렴한다고 봐."

"그래요?"

"물론, 트레이딩으로 큰돈을 버는 천재적인 사람들도 있어."

"유튜브를 보면 종종 있죠."

"그런 사람들은 정말 극소수야."

"그렇군요."

"좋은 기업의 주식을 사서 오래 가져가는 게 주식 투자의 성공 방법이야."

"그럼 코인도 매매하지 않고 오래 가져가야 할까요?"

"코인은 주식과는 비교가 안 되게 변동성이 크지."

"그런가요?"

나는 주식, 코인 둘 다 문외한이었다.

"매매하기 시작하면 금방 0으로 수렴할 거야."

"그렇군요."

"코인을 사게 되면 최소 10년 이상은 팔지 않는다고 생각하고 묵묵히 가져가."

"10년이나요?"

"본업이 있잖아. 본업에 충실하면서 꾸준히, 조용히 코인 수를 늘려가 봐."

"아, 네네."

"그리고 코인에 투자한다는 얘기는 어디 가서 하지 마."

"왜죠?"

"사람들이 좋게 보지 않을 거야. 아직은 코인을 도박이라고 생각하는 사람들이 많거든."

"아, 그렇군요."

"주위에서 끊임없이 흔들 거야. 그러니 조용히 투자하는 게 좋아."

"알겠습니다."

이렇게 나는 가상화폐 세계에 발을 담그게 됐다. 부자 아빠의 지침대로 투자 후 잠잠하게 오랫동안 가져가겠다고 다짐했다, 그까이꺼. 그리고 여자 친구에게 말했다. 앞으로 나를 워런 '배'핏으로 불러달라고(원래는 워런 버핏이나 내가 배 씨여서 '배핏'이라고 지었다). 진정한 가치투자가 뭔지 보여주겠다고.

통장에서 고요히 자신의 쓰임을 기다리던 6,500만 원은 그렇게 가상화폐 거래소로 보내졌다. 나의 원화는 가상화폐가 되어 미친 듯이 날뛰기 시작했다. 가상화폐는 주식과 다르게 상한가, 하한가도 없다. 한번 상승세를 타기 시작하면 몇 시간 만에 40~50%는 우습고, 하락할 때는 벼락 떨어지듯 쭉쭉 내려간다. 이유가 있으면 이유가 있는 대로 오르거나 내리고, 아무런 이유가 없어도 오르거나 내린다.

이 어마어마한 거친 파도 속에서 평정심을 유지하려고 애쓰며 하루하루를 보내다가 불현듯 이런 생각이 꿈틀댔다. '혹시, 내가 트레이딩의 천재면 어떡하지? 그럴 수도 있는 거잖아. 만약 그렇다면 엄청난 변동성의 파도를 그냥 흘려보내기는 너무 아까운데.'

당시 나에게는 여자 친구에게 청혼할 계획이 있었다. 그런데 내가 가진 모든 돈을 가상화폐로 바꾸어버리는 바람에 반지를 살 돈이 없었다. 청혼을 하려면 돈이 필요했다. 그리하여 나는 부자 아빠와의 약속을 깨고 트레이딩을 시작했다. 어떻게 표현해야 할까. '심장이 쫄깃하다'는 표현도 부족하다. 새로운 언어를 창조해야 할 만큼 이 과정은 정말 미쳤다. 우와와와와!!! 성공이다. 단 몇 번의 클릭으로 한 달 치 월급을 훌쩍 뛰어넘는 돈을 벌었다. 청혼을 위한 다이아 반지를 샀다.

목적을 달성했으니 그만해야지. 잠자리에 누웠다. 눈앞에 아른거린다. 빨간 장대 봉과 파란 장대 봉이, 한 번 더? 어느새 나는 1분 봉 차트를 보고 있다. 초단타의 귀재가 되리라. 이미 많이 올랐다고 판단하여 매도한다. 뭐지, 갑자기 쭉 오른다. 아아아아안돼@#!@@#%^#&! 성급하게 다시 산다. 젠장, 코인 개수만 줄어들었다. 이제 자자. 잃어버린 코인 개수가 아른거린다. 만회해야 해, 오호호호. 성공이다. 만회가 됐다. 휴, 자자. 자자. 자야지, 자라고. 워런 배핏은 얼어 죽을.

깨달았다. 나는 천재가 아니구나. 하수도 이런 하수가 없다. 그래도 이대로 포기할 수는 없다. 모든 성공에는 시행착오가 필요한 것 아닌가. 업비트에 계좌를 하나 더 만

들어 300만 원 정도 보냈다. 빗썸에 있는 코인은 절대 건드리지 않기로 스스로 다짐하고, 300만 원으로 3억을 만들어보자며 호기롭게 초단타 트레이딩에 도전했다. 밤마다 소파에 누워 눈이 뚫어져라 휴대폰을 보며 몇 만원 벌고, 몇 만원 잃으며 일희일비했다. 거울 속의 나를 본다. 붉게 충혈된 이 눈이 워런 '배'핏의 눈이란 말인가. 도대체 뭐 하는 건가 싶었다. 나는 트레이딩의 천재가 아니었다.

새빨간 불기둥을 내뿜으며 위로, 더 위로 날아올라가는 코인 가격을 보며 덩달아 나도 날아갈 것 같던 날이었다. 친구 기태에게 전화가 왔다.

"어, 기태야!"

"좋은 일 있어? 목소리가 되게 밝네."

"아니, 뭐."

"있고만."

두 번째 약속을 깰 위기에 처했다. 기태는 주식 투자를 직업으로 삼고 있다. 나에게도 주식 투자를 시도 때도 없이 권했다. 이 친구에게 나도 투자로 돈 번다는 걸 자랑하고 싶었다.

"아니, 요즘 코인으로 돈 좀 벌었어."

"오, 진짜?"

내가 왜 말했을까. 그날 이후로 친구는 코인이 오르면 빨리 팔라고 전화를 하고, 떨어지면 그러게 왜 안 팔았냐고 핀잔을 한다. 투자 선배인 친구는 진심으로 나를 생각해주는 것이었지만 꽤나 피곤한 일이었다. 그러더니 코인은 실체가 없으니 팔고 주식으로 넘어오란다. 한번은 참다 참다 신경질을 크게 냈다. 이후 친구의 잔소리는 멈췄다. 잃지 않는 걸 원칙으로 삼는 친구는 크게 욕심내지 않고 이익을 보면 매도하는 편이다. 자신의 매매 방법은 큰 손실을 피해 가는 것이지만 거대 상승도 비껴갈 수밖에 없음을 인정한다.

친구 기태 말고도 한 사람, 어머니께는 투자에 대해 이야기해야 할 것 같아서 말씀을 드렸다. 그런데 며칠 후 뒤숭숭한 꿈을 꾸셨단다. 평생 돈에 관심 없다던 분이 매일 전화해서 코인에 들어간 돈이 무사한지 확인하셨다. TV에서 코인은 사기라고 하는데 원금은 빼고 수익금으로만 투자하면 안 되느냐고 하셨다. 맞는 말 같았다. 코인을 절대 팔지 말라고 했던 부자 아빠께 여쭈었다.

"아버님, 코인이 제법 올랐는데 원금은 출금하고 수익금만 남겨두는 건 어떤가요? 나중에 떨어지면 다시 살 수도 있잖아요."

"그렇게 해서는 큰 그릇이 되기 어려워. 진득하게 버틸 수 있어야 결국 큰 수익을 보게 되는 거야. 들썩거리지 말고 미련하리만큼 들고 가봐. 올랐을 때 팔고, 떨어졌을 때 다시 사는 게 쉬운 거라면 투자하는 사람 모두가 이건희 회장님처럼 부자 됐지. 그건 신의 영역이야."

"명심하겠습니다."

상승장이 영원하면 진득하게 버티는 게 참 쉽겠다만, 환희의 시간은 짧았고 인고의 시간은 길고도 길었다. 1년 이상 이어지는 엄청난 하락을 정면으로 때려 맞으며 원금의 3분의 1까지 코인의 가치가 쪼그라드는 걸 목격해야 했다. 하락장에서는 코인에 관한 비관적 견해가 넘쳐났다.

이후 등락을 반복했지만 원금 회복은 2년이 지나도 여전히 아득했다. 역경 속에서 그릇이 커지는 중이라고 스스로 되뇌이며 그 시간을 버텼지만 솔직히 힘들었다. 진득하다가 진드기가 될 지경이었다. 허허허허허허.

멸치인가, 꽃게인가

부자 아빠가 물으셨다.

"멸치와 꽃게의 차이를 알아?"

'멸치는 어류고 꽃게는 갑각류던가?'

"멸치는 그물에 잡혀 물 밖으로 나오자마자 죽어버려. 꽃게는 뭍으로 나와도 꽤 오래 버티지."

"아, 그래요?"

"투자에 들어간 돈도 마찬가지야."

'으잉?'

"멸치 같은 돈은 하락장이 오면 금방 죽어버리지. 반면,

꽃게 같은 돈은 하락장에서도 오래 버티며 살아남을 수 있어."

코인 가격이 미쳐 날뛰며 전 국민을 포모 현상'Fearing of Missing Out'의 약어로, 상승장을 놓칠 수 있다는 공포를 일컫는 말에 휩싸이게 하던 광풍의 한가운데서 나는 생각했다. '아, 왜 없는 돈을 끌어 모으지 않았지?'

부자 아빠는 내게 있는 돈을 끌어 모아 가상화폐를 사라고 하셨다. 매수한 시점에 맞춰 기가 막히게 코인 가격이 쭉쭉 올라가는 차트를 보며 어느 가수가 부른 '내가 만일…' 멜로디를 흥얼거렸다. '내가 만일 없는 돈도 끌어 모았더라면… 지금 얼마가 되어 있을 거야…'

환희의 순간이 곧 끝나고 공포의 시간이 다가왔다. 와, 이건 뭐 소나기다. 하락장이 오니 여기저기서 부정적인 이야기만 들린다. '비트코인은 튤립 파동', '비트코인은 폰지 사기다단계 금융사기'. 설상가상으로 법무부장관은 거래소를 폐지하겠다고까지 나섰다. 이걸 계속 가져가는 게 맞는 건지 도통 정신을 차릴 수가 없었다.

그래도 부자 아빠 앞에서는 내색하지 않았다. 졸랑거리는 모습을 보여드리고 싶지 않았던 거다. 부자 아빠도 좀 흔들렸을까? 옆에서 관찰한 부자 아빠의 모습은 정말 무사태평이었다.

"기다려봐. 가상화폐가 조금씩 제도권 안으로 들어오는 걸 보게 될 거야."

내가 가상화폐를 산 논리는 이랬다. 공부를 잘하려면 공부 잘하는 친구에게 찾아가 어떻게 공부해야 하는지 배워야 한다. 돈을 벌려면 돈 잘 벌고 있는 부자에게 돈 버는 방법을 배워야 한다. 내 주위의 부자는 부자 아빠뿐이다. 부자 아빠는 나에게 "가상화폐 좀 사보지?" 정도의 가벼운 제안이 아니라 "있는 돈을 모두 끌어 모아서 가상화폐를 사"라는 일말의 망설임 없는 강력한 권고를 하셨다.

상승장에서는 부자 아빠의 말을 듣고 즉시 가상화폐를 매수한 나의 실행력을 스스로 매우 대견해했다. '캬, 너는 부자가 될 팔자였어.' 하락장에서는 나에게 가상화폐 매수를 적극 추천한 부자 아빠의 투자 능력에 대한 의심이 스멀스멀 피어올랐다. 부자 아빠보다 훠어어어얼씬 부자인 워런 버핏도 비트코인에 절대 투자하지 않겠다고 말했다는데, 이거 제대로 하고 있는 거 맞나. 그러나 부자 아빠는 조금도 흔들리지 않았다. 부자 아빠의 투자금은 나보다 훨씬 크기에 하락장에서의 손실도 나와는 자릿수가 다르게 컸다.

　엄청난 대하락이 있었던 날이다. 부자 아빠와 내가 별장에서 일을 마치고 돌아가는 길이었다. 정원이 꽤나 넓고 멋진 단독주택을 지나가던 때였다. 부자 아빠가 아무렇지도 않게 툭 말씀하셨다.

"간밤에 저 별장이 날아갔네."

'뭐, 뭐라고요?'

그 별장은 15억에 매물로 나온 단독주택이었다. 하룻밤 사이에 장인어른의 가상화폐 계좌에서 15억이 사라졌다는 말이다. 어쩜 저리 대수롭지 않게 말씀하실 수가 있지? 15만 원이 아니라 15억이라고요!

"장훈아, 나는 오늘 새벽에 가상화폐를 더 매수했어."

네에에에에?

"배고픈 독수리가 먹잇감을 발톱으로 움켜쥐었을 때를 상상해 봐. 잡힌 동물은 어떻게든 벗어나려고 발버둥 칠 거고 독수리는 절대 놓치지 않으려고 꽈악 붙잡겠지. 투자에 있어서 내 마음가짐이 그래. 이럴 때일수록 발톱이 더 날카로워지지."

15억은 부자 아빠에게도 결코 적은 돈이 아니다. 하지만 부자 아빠는 자신이 산 가상화폐가 결국 우상향할 거라 99.999% 확신했다. 그렇기 때문에 일시적인 하락에도 전혀 흔들리지 않고 오히려 저가 매수의 기회로 여겼다.

나는 어땠을까? 2018년부터 2020년까지 이어진 지루한 하락장과 일정한 범위에서 움직이는 횡보장에서 코인을 많이 사모았을까? 나는 2018년에 결혼했고 그해 여름에 아내와 미국 여행을 갔다. 다음 해 여름에는 유럽 여행을 갔다. 그 말인 즉슨, 돈을 많이 썼다는 거고 코인을 많이 사지 못했다는 이야기다.

2020년에는 차를 샀다. 당시 내 직장은 광주에 있었고 아내의 직장은 청주에 있었으며, 우리 신혼집은 대전에 있었다. 내가 근무하는 학교 재단은 꽤 커서 전국 주요 도시에 학교가 있다. 대전에도 학교가 있어서 전근이 가능했다. 2018년부터 전근하기 위해 노력했지만 번번이 실패했고 2020년에는 진짜 가겠지, 했는데 또 실패했다.

그동안 주말마다 버스를 타고 광주와 대전을 오갔는데 그 과정이 너무 힘들었다. 더는 이렇게 못 살겠다 싶어 어머니께 1,200만 원을 빌려 중고차 투싼을 샀다. 이후 돈을 갚아가느라 한동안 또 돈이 없었다.

잠시 껄무새'~할걸'이라고 후회하는 표현과 '앵무새'를 조합한 신조어가 되어보겠다. 그때 만약 불편함을 좀 더 참고 1,200만 원으로 당시 내가 사모으던 가상화폐를 샀다면 이 글을 쓰고 있는 2025년 4월 가치로 1억 이상은 되어 있을 것이다. 나는 제네시스 GV80보다도 비싼 투싼을 타고 다니는… 그만하자.

사실 다 핑계다. 그저 코인에 대한 강한 확신이 없었던 거다. 가격이 쭉쭉 오를 때는 '이러다 영원히 못 사는 거 아닌가' 하며 불안한 마음에 서둘러 매수 버튼을 눌렀지만 가격이 팍팍 떨어질 때는 더 하락할까 두려워 쉽사리 매수 버튼을 누르지 못했다. 확신이 필요했다. 여러 매체를 통해 코인에 관해 공부하기 시작했다. 처음 샀던 네 가지 코인 중 이더리움만 남겨두고 나머지 종목은 정리했다.

이후 비트코인과 XRP를 추가로 모아가며 포트폴리오를 재정비했다. 과거 사이클이 반복된다면 2021년에 대상승장이 올 것이다. 각 코인의 목표 수량을 정해놓고 수량을 늘리는 데 집중했다. 수량이 목표가 되니 하락도 반가웠다. 바겐세일 기간 아닌가. 광주와 대전을 오가면서 돈을 많이 썼기에 최대한 나 자신을 위한 소비를 참고 코인을 모아갔다.

2020년에 아내가 임신하면서부터는 매일 4시간 이상 운전하며 출퇴근했다. 잠을 깨기 위해 커피를 마시곤 했는데 고속도로 휴게소에서 사 마시는 커피값도 아까웠다. 주유소에서 주유한 후 고객 쉼터에서 제공하는 공짜 자판기 커피만 마셨다. 1,000원, 2,000원 사소한 돈을 모아 코인을 매수했다.

하루는 광주에서 대전으로 올라오는 길에 백양사 휴게소 주유소에 들렀다. 주유하며 가상화폐 거래소 앱을 열었는데 정신없이 하락 중이었다. 통장 잔고를 보니 50만 원가량 있었다. 월급날이 얼마 남지 않았으니 이더리움을 더 사자 해서 15만 원대 하던 이더리움 3개를 매수했다.

이런 식으로 야금야금 코인을 모아갔고 시간은 흘러 2020년 말이 되었다. 2018년 초 2,800만 원대까지 치솟았던 비트코인의 가격은 2019년 초 300만 원대까지 떨어졌다. 300만 원에서 바닥을 친 비트코인은 등락을 반복하며 조금씩 우상향했다. 비트코인은 2020년 말 드디어 전 고점인 2,800만 원을 회복했다. 내가 가진 비트코인의 매수 평단가는 700만 원대였다. 주식 투자를 직업으로 하는 친구 기태에게 전화가 왔다.

"장훈아, 팔아. 충분히 벌었잖아."

"하… 그래야 하나?"

"다시 하락장 오면 또 몇 년을 기다려야 해."

"아…."

고민이 됐다. 어떤 전문가는 비트코인이 1억까지 간다 했고, 또 다른 전문가는 500만 원 이하로 폭락할 거라 예측했다. 전문가들의 의견이 갈렸지만 1억은 내가 봐도 너무 허황됐다고 생각했다. 결국 700만 원에 산 비트코인을 2,800만 원에 팔았다. 내가 내리기만을 기다렸다는 듯이 비트코인 열차는 재빠르게 달려나갔다. 금세 1억을 지나칠 기세였다. 영원히 비트코인을 못 살까 걱정됐던 나는 7,000만 원대에 비트코인을 다시 매수했다. 하하하하하.

2021년, 비트코인은 8,000만 원을 넘어섰다. 원금의 3분의 1까지 쪼그라들었던 내 코인의 가치는 2억을 넘어선 새로운 고점에 도달했다. 더 이상은 들썩이지 않기로 했다. 부자 아빠의 조언대로 부화뇌동하지 않고 진득하기로 했다.

2021년 11월, 고점을 찍은 비트코인은 다시 하락을 시작했다. 8,000만 원을 넘어섰던 비트코인은 1억에는 다다르지 못하고 방향을 바꿔 2,000만 원대까지 고꾸라졌다. 두 번째로 맞이한 하락장에서 나는 완전히 달라져 있었다. 돈만 있으면 코인을 샀다.

파란불 휘날리며 코인 가격이 아래로 아래로 쭉쭉 내려가던 공포의 날, 인생 처음 대출도 받았다. 첫째 아이가 태어난 지 얼마 안 된 때였다. 사학연금에서는 자녀를 출산하면 행복나눔대여를 해준다. 최대치인 3,000만 원을 대출받아 코인을 매수했다. 이후에도 여윳돈이 있으면 평단가를 낮게 유지하며 코인 갯수를 늘리는 데 집중했다.

또다시 4년이 흘렀다. 2025년 1월, 우호적 가상자산 정책을 약속한 도널드 트럼프의 미국 대통령 재선이 확정되면서 비트코인은 빠르게 1억 6,000만 원에 도달했다. 내 코인 계좌도 새로운 고점에 도달했다. 이제는 어지간히 하락해도 항상 수익권이다.

나는 머리가 비상하게 돌아가는 트레이더가 아니다. 부자 아빠께서 일러주신 대로 착실하게 모은 꽃게 같은 돈으로 투자하고 진득하게 버티니 나름 괜찮은 수익을 보게 되었다. 만약 환희에 찼을 때 무리해서 없는 돈을 끌어 모아 코인을 매수했다면 하락장에서 버티기 힘들었을 테다. 멸치처럼 바짝 말라버렸을 것이다.

코인이 조금씩 제도권 안으로 들어올 거란 부자 아빠의 확신은 현실이 되어갔다. 미국에서 비트코인 선물 ETF에 이어 비트코인 현물 ETF도 승인되었다. 무려 '블랙록'이라는 세계 최대 규모의 자산운용사가 비트코인 현물 ETF 상품을 다룬다. 비트코인 현물 ETF 운용사는 비트코인을 보유하고 있어야만 한다. 비트코인이 방구석 IT 몽상가들의 영역을 벗어난 것이다. 거대 자산 운용사의 자금이 비트코인으로 흘러 들어올 통로가 열렸다.

2019년 블랙록의 CEO 래리 핑크가 말했다. "비트코인은 자금세탁 수단에 불과하다." 2024년 래리 핑크가 말했다. "5년 전 내 의견은 잘못됐다. 이제는 비트코인을 합법적 금융자산으로 본다." 래리 핑크는 비트코인이 장기적으로 70만 달러에 도달할 거라고 전망했다. 우리나라 돈으로 10억이 넘는 금액이다.

2019년 미국의 45대 대통령 도널드 트럼프는 말했다. "비트코인은 돈이 아니다. 가치 변동성이 크고 근거 없는 자산이다." 2024년 재선에 성공한 미국의 47대 대통령 도널드 트럼프는 말했다. "미국을 가상화폐 수도로 만들겠다."

2021년부터 2024년까지 2,000만 원대에서 바닥을 확인한 비트코인은 등락을 반복하며 우상향하여 결국 1억에 도달했다. 비트코인이 1억까지 간다고 예측했던 전문가는 신이 났다. 나도 신났다.

비트코인 광풍이 불 때마다 사람들은 튤립 파동이라고 했다. 폰지사기라고, 폭탄 돌리기라고 주장했다. 0원으로 수렴할 거라고 예측했다. 튤립 파동은 17세기 네덜란드에서 발생한 과열 투기 현상을 가리킨다. 희귀한 색과 무늬를 가진 튤립에 대한 수요가 급증하면서 빈곤층부터 상류층까지 투기에 뛰어들어 발생한 세계 최초의 투기 버블 현상이다.

비트코인은 2009년 처음 발행되었다. 무려 16년이 지났다. 얼마되지 않아 금세 끝나버린 튤립 파동과 비교하기에는 그 생명력이 꽤 길지 않은가. 그간 저명한 경제학자, 기업가, 투자가, 정치인들은 비트코인을 향하여 끊임없이 사망선고를 내렸다. 비트코인은 등락을 반복하며 요동쳤지만 꾸준히 몸집을 키웠다.

2010년 미국 플로리다의 한 프로그래머는 비트코인 10,000개로 피자 두 판을 주문했다. 피자 한 판의 가격을 후하게 쳐서 50,000원이라고 가정한다면 비트코인 한 개의 가격이 10원이었던 셈이다. 개당 10원도 안 되는 가치를 지녔던 비트코인은 16년 이상 살아남아 개당 1억 원 이상의 가치를 갖게 되었다. 마침내 2025년 3월 미국의 47대 대통령 도널드 트럼프는 비트코인, 이더리움, XRP, 솔라나, 에이다를 미국의 전략적 자산으로 비축한다는 행정 명령에 서명한다.

2008년 겨울, 군대 전역 후 나는 홀로 배낭여행을 떠났다. 인천에서 배를 타고 중국으로 넘어가 윈난성의 리장이라는 곳까지 갔다. 여행지에서 만난 사람들은 나에게 라오스 여행을 추천했다. 중국에서 버스를 타고 라오스로 이동했고 라오스 여행 후 메콩강을 건너 태국으로 넘어갔다.

여행을 떠난 지 50일 만에 국제전화로 어머니께 연락드리니 "이놈의 자식이 죽었는지 살았는지 너 여행 나간 이후로 잠을 못 잔다"고 난리셨다. 여행을 떠날 때는 지구라는 행성을 한 바퀴 건너볼 심산이었으나 어머니의 성화에 못 이겨 태국에서 한국으로 돌아올 수밖에 없었다.

비행기를 타기 위해 방콕 공항에 갔다. 공항 안에 있는 한 서점 벽면에 세계 지도가 그려져 있었다. 지도를 보면서 이전에는 하지 못했던 생각을 하게 됐다. 태국은 인천에서 비행기를 타고 가야만 했던 나라였다. 그런데 다시 보니 며칠간 배 타고, 기차 타고, 버스 타면 갈 수 있는 나라처럼 가깝게 느껴졌다. 나의 지경이 넓어졌음을 기분 좋게 느꼈다.

코인 투자 후 돈에 대한 나의 지경 또한 넓어졌음을 느낀다. 투자 초창기에는 상승과 하락에 따라 일희일비 했으며 변동성을 참아내지 못하고 매매하기도 했다. 시간은 나에게 일희일비하지 않는 강단을 주었고 변동성을 참아낼 줄 아는 무덤덤함을 얹어주었다. 2017년 말에 도달했던 2억이란 봉우리는 나에게 더 이상 대단히 높은 봉우리가 아니다.

누군가 나에게 태국에 비행기 타지 않고 가는 방법을 묻는다면 대수롭지 않게 대답할 것이다. 배 타고, 기차 타고, 버스 타고 가면 된다고. 누군가 나에게 저임금 노동자가 어떻게 5년 만에 2억을 만드냐고 묻는다면 대수롭지 않게 대답할 것이다. 5년간 열심히 돈을 모아서 투자하면 된다고. 물론 나는 운이 좋았다. 하지만 공짜로 얻은 건 아니다. 쓰라린 시행착오도 겪어야 했다.

고수익, 원금 보장 투자상품을 믿은 바보

 코인 장기 투자는 큰 수익을 장담할까? 평온하게 코인 장기 투자를 이어가는 게 수월한 일일까? 결코 그렇지 않다. 코인 장기 투자의 험난함은 이루 말할 수 없다. 우선 종목 선택이 중요하다. 잘못된 코인 선택의 끝은 상장폐지다. 상장폐지는 면하더라도 원금 회복이 영원히 요원할 수도 있다.

 내가 처음 매수한 네 종류의 코인 중 하나는 결국 상장폐지 되었다. 다행히 그 전에 정리했지만 손실은 매우 컸다. 두 종류의 코인은 내가 매수한 이후 신나게 상승했다가 대하락 이후 7년이 지나도록 나의 매수가까지 단 한 번도 회복하지 못했다. 딱 하나, 이더리움으로 큰 수익을 보았다. 나머지 코인들을 정리하여 비트코인과 XRP로 바꿨다.

이후 나는 비트코인, 이더리움, XRP로만 포트폴리오를 구성했다. 모두 코인 시총 5위 안에 드는 주요 코인들이지만 한결같이 불안하기 그지없다. 어찌나 등락이 심한지. 부모님 세대는 부동산으로 큰 자산을 이뤘다. 부동산 불패라 했다. 확실히 부동산 투자로 실패한 사람은 코인이나 주식 투자에 비하면 거의 없는 듯하다.

왜 그런 걸까? 부동산은 매매가 어렵기 때문이라고 생각한다. 하락장에서는 물건을 내놓아도 더 떨어질까 두려워 사려는 사람이 없다. 상승장에서는 매도자들이 더 큰 상승을 기대하며 매물을 거둬들인다. 매매할 때는 중개인이 필요하며 꽤 큰 비용이 발생한다. 이러다 보니 부동산은 한번 매수하면 보통 장기간 보유하게 된다.

만약 부동산도 코인, 주식처럼 매매가 쉽다면 투자에 성공한 사람이 많지 않을 것이다. 코인은 매매가 쉬워도 너무 쉽다. 코인 거래소에서는 365일 24시간 거래가 이루어진다. 거래 수수료도 저렴하다. 시장가에 코인을 던지면 순식간에 매도가 이루어진다. 어지간한 뚝심 아니면 엄청난 변동성 소용돌이 가운데 촐싹거리다 돈 잃기 딱 좋다. 비트코인의 가격이 16년 동안 1,000만 배 이상 올랐음에도 비트코인으로 돈 번 사람을 찾기 힘든 이유다.

코인 시장이 아직 제도권에 안착한 것이 아니기 때문에 사기꾼도 득실댄다. 나 역시 사기꾼의 먹이가 되었다. 인터넷 뉴스 기사를 통해 가상자산 투자 상품을 판매하는 회사를 알게 되었다. 마치 은행처럼 코인을 맡기면 코인으로 이자를 주는 회사였다. 이자율이 연간 10%에 육박했다.

예를 들어, 비트코인을 1개 맡기면 1년 뒤 이자로 0.1개의 비트코인을 받는 것이다. 나는 매매를 하지 않았기에 여기에 코인을 맡기면 이자를 받을 수 있으니 괜찮은 투자라 생각했다.

1년간 회사를 지켜봤다. 별문제 없이 잘 운영되었고 대표는 명문대 출신이라 더 믿음이 갔다. 시험 삼아 몇 개의 이더리움을 보내봤다. 이자가 꼬박꼬박 잘 들어왔다. 그 회사가 판매하는 상품에도 여러 종류가 있었는데 원금 보장형 상품이 있었다. 다른 상품에 비해 상대적으로 이율이 낮았다. 그 상품은 안전할 거라 생각하고 50개의 이더리움을 보냈다.

예치한 지 1년이 좀 안 됐을 때 문제가 터졌다. 위험하지 않다고 주장했던 그들의 자산 운용 방식은 위험 그 자체였다. 원금 보장은 무슨. 현재 운영진들은 구속된 상태고 피해자들은 로펌을 통해 소송 중이다. 내가 맡긴 50개의 이더리움은 2025년 3월 가치로 1억 5,000만 원 정도 된다. 투자 원금은 3,000만 원가량. 그냥 놔두었다면 5배로 불린 투자였다. 사고가 터질 당시에도 1억 이상의 가치였다.

첫째 아이가 태어나기 얼마 전이었다. 생각보다 덤덤했고 의연하게 견디는 줄 알았다. 그러나 혼자 운전할 때 갑자기 소리를 지르는 등의 돌발 행동을 하는 나를 발견했다. 코인을 더 사 모으기 위해, 코인을 팔지 않기 위해 돈을 아낀 장면들이 주마등처럼 지나갔다. 이 아파트, 저 아파트 돌아다니며 곧 태어날 아기의 침대, 장난감, 내복들을 당근 거래로 샀던 행동들이 후회됐다. 이럴 줄 알았으면 이더리움 팔아서 우리 아이 눕히는 침대, 입히는 내복, 가지고 놀 장난감 모두 새걸로 사줄 걸. 흑흑.

부자 아빠께 '이더리움 사건'에 대해 이야기했다.

"아버님, 이더리움 50개가 날아갔네요."

"나라고 그런 일들이 없었을까? 진주를 찾다 보면 진흙도 묻히는 법이야."

어디에나 그렇지만 가상자산 업계에는 특히 사기꾼들이 득실댄다. 조심하길 바란다. 고수익, 원금보장 같은 달콤한 유혹에 속지 말길. 고수익과 원금 보장이 같이 나열된 걸 보면 그냥 거르면 된다. 거창한 학력과 이력으로 당신을 꼬드긴다면 한번 더 의심해보길. 본질이 허접하면 화려하게 치장해서 돋보이는 법이다. 나는 정말 바보였다. 만약 내가 가진 모든 가상자산을 맡겼다면… 생각만 해도 끔찍하다. 그래도 나에겐 비트코인과 XRP가 남아있지 않은가. 죽으란 법은 없다.

입을 크게 벌리고,
아!

 언젠가 딸 아이와 고지혜 작가님의 동화 《입을 크게 벌리고, 아!》를 읽은 적이 있다. 내용을 요약해보면 이렇다. 아기 곰, 아기 멧돼지, 아기 오리가 감나무 아래 입을 크게 벌리고 앉아 말랑말랑한 감이 잘 익어서 떨어지길 기다린다. 감이 익기까지 오랜 기다림 끝에 마침내 감이 아기 곰의 머리 위로 떨어지고, 동물들은 감을 맛있게 먹는다.

 이 동화책을 읽고 폴과 민이 생각났다. 아직 먹을 수 없는 밤톨 같은 XRP의 상승을 기다리며 입을 크게 벌리고 아! 기다리고 있는 나의 '리맨XRP에 투자하는 사람' 동지들.

투자 상품은 다음의 4가지 범주로 나눌 수 있다.

1. 황금으로 보이고 실제로 황금	2. 황금으로 보이고 실제는 똥
3. 똥으로 보이고 실제는 황금	4. 똥으로 보이고 실제로 똥

여기서 1, 3번으로 분류되는 상품에 투자해야 돈을 번다. 1번 상품은 비교적 찾기 쉽다. 황금으로 보이니 너도 나도 다 사고 싶은 상품이다. 너도 나도 다 사고 싶어하니 비싸다. 압구정 현대아파트가 황금인 줄 몰라서 안 사나, 비싸서 못 사지.

지갑이 가벼운 사람에게 1번 상품은 그림의 떡이고, 3번 상품에 눈독 들이기 마련이다. 암호화폐가 제도권으로 영역을 넓히고 있지만 여전히 대다수 사람은 암호화폐를 똥으로 본다. 나는 황금이라 믿기에 투자한다. 암호화폐가 실제 똥인지, 황금인지는 시간이 검증해주리라.

암호화폐에 투자한다면 어떤 코인에 투자해야 할까? 대한민국 대표 암호화폐 거래소인 업비트에서 원화로 거래할 수 있는 암호화폐 종류만 100개가 넘는다. 모두가 황금은 아닐 것이다. 사계절이 열 번 지난 후에도 황금으로 빛날 1, 3번을 찾아내야 한다.

암호화폐 내에서 1번 범주에 드는 상품은 무엇일까? 비트코인은 1번 범주에 속하는 듯하다. 코인에 투자하는 대다수가 동의할 것이다. 비트코인은 2,100만 개로 수량이 정해져 있고, 발행한 주체가 누구인지도 모른다. 시간이 지날수록 공급은 줄어들고, 발행 주체 리스크도 없다. 널뛰기가 심하지만 큰 흐름에서 우상향한다. 많은 사람이 황금으로 보기에 가격이 비싸다. 1개에 1억이 넘는다. 오늘, 내일 마실 커피값 아낀다고 살 수 있는 금액이 아니다.

물론 비트코인은 0.00000001 단위로 거래할 수 있기에 10,000원만 있어도 아주 소량의 비트코인을 살 수 있다. 하지만 가격이 많이 올라 심리적 거리감이 커진 것이 사실이다. 3번 범주에 속하는 암호화폐에는 무엇이 있을까? 정말 어려운 영역이다. 대다수가 똥이라고 하는데 시간이 흘러 황금이었음이 드러나는 암호화폐는 무엇일까? 나는 XRP에 주목했다.

XRP는 미국에 본사를 둔 리플 랩스^{Ripple Labs Inc.}라는 기업에서 개발하고 발행한 암호화폐다. 우리나라에서는 XRP가 '리플'로 불려왔다. 최근에 와서야 거래소에서

XRP로 표기하기 시작했다. XRP는 '리또속리플에 또 속나', '리삼딱리플은 300원이 딱이다'이라는 별명이 있다. XRP에 투자하는 사람들을 '리맨'으로 부르기도 한다. 이 모든 용어에는 조롱이 담겨 있다. 코인 커뮤니티에서는 XRP에 투자하는 사람들을 향해 뇌가 없다고 비웃기도 했다.

내가 XRP를 처음 본 건 2017년 말이었다. 내가 처음 산 네 가지 종류의 암호화폐에 XRP는 없었다. 2017년 말 상승장에서 다른 암호화폐들이 빨간 불기둥처럼 솟구치며 상승할 때 XRP는 200원대에서 좀처럼 움직이지 않았다. XRP 투자자들은 지쳐갔다. XRP를 팔고 하나, 둘 떠나자 XRP는 움직이기 시작했다. 200원, 300원대에서 오르내리던 XRP는 폭발했다. 4주 만에 1,000% 이상의 상승률을 보인 것이다. 업비트 기준 4,925원까지 올랐다. 200원대에 있을 때는 너도 나도 똥이라 했는데 1,000원, 2,000원, 3,000원 올라가니 모두가 황금이라 외치며 매수했다.

나도 동참했다. 2,900원에 매수했다. 고점을 찍은 XRP는 4주 만에 다시 600원대로 떨어졌다. 화끈한 8주였다. 그후 등락을 반복하며 2019년 말, 200원대로 되돌아갔다. 2020년 11월, 드디어 오르나. 200원대에서 800원대까지 재빠르게 상승하면서 리맨들은 거대 상승장을 기대했다. 그런데 웬걸. 악재가 제대로 터졌다. 2020년 12월 22일, 미국의 증권거래위원회SEC가 리플 랩스를 대상으로 소송을 제기한 것이다. XRP의 가격은 속절없이 무너졌다. 다시 100원대로. 소송 이후 미국의 대형 암호화폐 거래소들은 XRP 거래를 중단했다. 이런 과정을 거치며 XRP는 수많은 사람들의 환희와 좌절을 머금은 애증의 코인이 되었다.

하락할 때마다 야금야금 사 모으던 XRP를 본격적으로 매수하기 시작한 건 소송 이후였다. 제대로 똥 취급받을 때였다. 그러나 XRP가 언젠가 황금으로 드러날 거라 기대했다. 기대의 근거는 무엇이었을까. 내가 암호화폐에 발을 들인 건 부자 아빠 때문이었다. 부자가 관심을 두는 상품에 투자한 것이다. XRP도 같은 관점에서 접근했다. 부자를 따라가자. 누구의 손이 XRP에 닿아 있는지 보았다.

XRP를 발행한 리플 랩스와 긴밀한 관계를 유지하는 기업 중 하나가 SBI 홀딩스다. SBI 홀딩스는 일본의 금융지주회사로 시가총액은 2025년 3월 기준 대략 12조 7,000억에 달한다. 우리나라의 기업은행, 우리은행 시총과 비슷한 수준이다.

2016년, 리플 랩스와 SBI 홀딩스는 합작으로 'SBI 리플 아시아'라는 회사를 세웠다. SBI 홀딩스의 자회사인 'SBI 리밋'의 지분 13.71%를 리플 랩스가 보유하고 있다. SBI 홀딩스도 리플 랩스의 지분을 갖고 있다고 알려져 있었는데, 최근 언론에서 대략 8%의 지분이 있다고 보도했다. 이 정도면 리플 랩스와 SBI 홀딩스는 동업하는 관계 아닐까.

SBI 홀딩스 홈페이지에서 주요 주주를 확인해본다. 뱅크 오브 뉴욕 멜론^{BNY}이 눈에 띈다. BNY는 2024년 기준 미국 은행 시가총액 순위 13위에 이름을 올린 규모 있는 은행이다. BNY의 주요 주주는 누구일까. 세계 최대 자산운용사인 블랙록, 미국에서 블랙록 다음으로 규모가 큰 뱅가드 그룹이 BNY의 주요 주주 목록에 포함되어 있다.

2020년 1월, SBI 홀딩스는 주주들에게 XRP로 배당금을 지급하겠다는 계획을 발표했다. SBI 홀딩스 주식을 100주 이상 가진 주주들이 배당금으로 XRP를 지급받는다. BNY도 XRP를 배당금으로 받았을까. XRP의 가격이 상승하면 주주들의 이익은 극대화된다. 나와는 비교가 안 되게 돈 냄새를 잘 맡을 SBI 홀딩스가 리플 랩스와 긴밀히

협력하고 있다. 미국 자본이 SBI 홀딩스에 손을 뻗치고 있다. 소송은 언젠가 끝날 거고 소송 결과에 따라 XRP의 가격은 큰 폭으로 움직일 것이다.

 소송 이슈가 원만하게 마무리된다는 데 베팅했다. 여윳돈만 있으면 XRP를 샀다. 아직은 열매가 작고 떫지만 언젠가는 알차고 달콤한 열매가 되리라. 맛있는 걸 혼자 먹을 수는 없다. 좋은 건 나눠야 한다. 친동생처럼 가까이 지내는 폴과 민에게도 XRP 매수를 권했다. 2021년 2월이었다.

 나와 아내, 그리고 당시 솔로였던 폴과 민까지 네 명이서 한 달에 한 번 우리 집에 모여 보드게임을 하곤 했다. 2021년 2월 어느 날은 보드게임은 하지 않고 돈에 관한 이야기를 나눴다. 처음으로 동생들에게 코인에 투자하고 있음을 고백했다. 이때는 주위의 어떤 말에도 흔들리지 않았기에 가까운 지인들에게 코인 투자에 대해 언급했다. 폴과 민은 내가 아끼는 동생이기에 꼭 같이 부자가 되고 싶었다. 내 얘기를 듣던 동생들은 어느새 스마트폰을 만지며 업비트 앱을 설치했다. 동생들에게 XRP를 추천했다.

 폴은 빠른 실행력을 보여주었다. 업비트를 설치하고 바

로 XRP를 매수했다. 민은 폴이 XRP를 매수한 걸 보고는 하루 뒤 XRP를 매수했다. 처음부터 큰 금액을 넣은 건 아니었다. 둘 다 금융 투자에 대해서는 신중한 입장이었다.

폴은 고등학생 2학년 때 친구들과 영화 〈작전〉을 봤다고 한다. 영화에서 그려지는 주식 투자는 사기에 가깝다. 짜고 치는 고스톱이다. 일부 세력이 주가를 올리고 눈 먼 개미들이 따라붙어 주가가 폭등하면 세력은 팔고 나온다. 폴은 영화를 보며 생각했다. '주식 투자 절대 하지 말자.'

민이는 어땠을까. 민이도 어려서부터 주식 하면 망한다는 이야기를 듣고 자랐다. 땀 흘려서 번 돈만이 진짜 돈이라 배웠다. 직장인이 되고 난 후에도 인터넷에 떠도는 주식 낭인들의 눈물 겨운 사연을 읽으며 주식 투자는 절대 하지 말자고 다짐했단다.

그런 폴과 민에게 코인 투자 권유라니. 폴과 민에게 XRP에 투자하여 돈을 벌게 된다면 높은 수준의 혜안을 지닌 나에게 두고두고 감사해하고, 돈을 잃게 된다면 고작 나 따위의 말을 듣고 소중한 현금을 태운 미련한 너희 자신을 원망해야 함을 강조했다.

우선 소액의 현금으로 XRP를 매수한 이후 얼마되지 않아 가격이 스윽 올랐다. 폴과 민이는 가슴이 뛰었다. 선발 대처럼 소액만 보낸 걸 후회했다. 현금 부대를 보내고, 보내고, 또 보냈다.

 XRP가 좀처럼 움직이지 않으면 팔딱팔딱 뛰는 다른 코인들에 눈길이 갔다. 2021년 상반기는 거의 모든 코인들이 번갈아가며 가격을 올리던 시기였다. 보아하니 폴과 민도 빈번히 매매하는 눈치였다. 자신이 트레이딩의 천재인지 확인하고 있는 걸까. 아니나 다를까, 사고팔고를 반복하는 '사팔사팔' 매매를 하며 돈을 까먹고 있었다. 2017년의 내가 떠올랐다.

 암호화폐 거래소는 24시간 불이 꺼지지 않는다. 암호화폐 선물 투자는 라스베이거스 뺨치는 도파민을 제공한다. 착실하게 차곡차곡 모은 돈을 순식간에 날려버릴 수 있다. 직장에서 건실하게 일하며 열심히 살아가는 젊은 청년들을 늪에 빠지게 해서는 안 된다. 올바른 투자 원칙을 심어줘야 한다. 동생들에게 부자 아빠를 같이 만나자고 했다. 동생들도 매우 반겼다. 부자 아빠께 여쭈었다.

 "아버님, 제가 친동생처럼 아끼는 동생들이 있는데 아주 건실한 청년들이에요. 애네들한테 투자 교육을 좀 해주실 수 있으세요?"

"맨입으로?"

"돈이라도 걷어야 할까요?"

"당연하지. 뭐든 밥값을 제대로 치러야 하는 거야."

다소 민망했지만 부자 아빠 말씀대로 동생들에게 수강료 명목으로 10만 원씩 가져오라고 했다. 동생들은 "당연히 그래야죠"라며 선뜻 돈을 건넸다.

부자 아빠의 별장에 남자 넷이 모였다. 부자 아빠는 내가 7년 동안 들어왔던 내용을 3시간 동안 속성으로 집중 교육하셨다. 동생들은 연신 고개를 끄덕이며 부자 아빠의 교육 내용을 받아적었다. 부자 아빠는 금융 투자 방법에 대해서도 명쾌하게 정리해주셨다. 들썩거리지 말고 꾸준하게, 미련하게 금융 자산을 모아가라고. 헤어지는 길에 부자 아빠는 수강료로 냈던 10만 원에 5만 원을 얹어서 15만 원씩 돌려주며 젊은이들의 앞날을 응원했다.

폴과 민은 단순해졌다. 2021년 상승장이 끝나고 지루한 하락장이 시작되면서 둘은 차분히 XRP를 모아갔다. 가격이 급등할 때는 잠시 숨을 고르고, 가격이 폭락할 때는 욕심을 냈다. 폴은 좀 더 과감했다. 사립학교 교사인 그는 사학연금, 교직원공제회 대출을 적극 활용했다. 아버지께도 돈을 빌렸다.

민은 IT 계열 대기업 사원이다. 그는 취업 후 대출받아 어머니께 아파트를 사드렸다. 매달 대출금 갚느라, 어머니께 용돈 드리느라 여윳돈이 거의 없었다. 자신을 위한 소비는 한 달에 공과금을 포함하여 30만 원을 넘기지 않았다. 조금이라도 돈을 남겨 XRP를 사 모았다.

나는 폴과 민에게 경조사가 있을 때마다 50개, 70개, 100개씩 XRP를 보내줬다. 우리는 XRP가 400원일 때 4,000원에 도달하길 기대하며 매수했다. XRP가 500원일 때 5,000원에 도달하길 기대하며 매수했다. 600원, 700원, 800원일 때도 XRP가 10,000원을 넘기는 날이 올 거라 고대하며 매수 버튼을 눌렀다. 새파랗게 떫은 감이 말랑말랑한 붉은 홍시가 되어 떨어지길 기다리는 동물들처럼 SEC와 리플 랩스의 소송이 끝나고 XRP 가격이 급등하기를 학수고대했다.

소송이 시작된 이후로 1년이 지나도 아무 소식이 없었다. XRP의 가격이 폭락하면 폴의 어머니는 남편을 원망했다. 돈을 왜 빌려줬냐고, 당신이 폴을 망쳤다고. 2년이 지나자 소송이 곧 끝날 거라는 소문만 무성했다. 2년 하고도 6개월이 더 지났다. 소송은 대체 언제 끝나는 건가. 우리의 속은 타들어갔다. 그러다 2023년 7월 14일 새벽, 아내가 자고 있던 나를 흔들어 깨운다.

"뭐야?"

"오빠, 카톡 봐봐."

폴, 민, 나, 아내가 들어가 있는 단톡방이다. 단톡방의 이름은 '부자의 모임'. 까만 턱시도를 입은 레오나르도 디카프리오가 여유로운 미소를 지으며 건배하는 사진(영화 〈위대한 개츠비〉의 한 장면)이 걸려 있다.

폴이 뉴스 링크를 올렸다. 리플 랩스에 다소 유리한 판결 소식이었다. 암호화폐 거래소에 접속했다. XRP가 날아오르는 중이다. 나는 일어나서 춤을 췄다. 전날 600원대였던 XRP가 단 몇 시간 만에 1,100원까지 올랐다. 전일 대비 80% 이상 상승이다. 이제 쭈욱 5,000원까지 가는 건가. 뭐지, 화력이 부족하다. 2023년 8월 9일 SEC가 항소했다. XRP는 다시 600원 대로 되돌아갔다. 이건 하늘이 준 기회라고, XRP를 여전히 저렴한 가격에 살 수 있는 기회라고 우리는 서로를 다독였다. 정신승리였다.

시간이 흘러 2024년 11월. 트럼프 호재를 타고 비트코인이 상승함에 따라 XRP도 상승하기 시작했다. 600원대에 머물러 있던 XRP는 한 달 만에 4,000원을 넘어섰고 2025년 1월에는 업비트 기준 최고가인 4,984원까지 도달했다. 폴의 암호화폐 계좌에는 998,600,000원이라는 숫자가 찍혔다. 아들에게 돈을 빌려준 남편을 원망했던 폴의 어머니는 폴에게 전화하여 지금이라도 XRP를 더 사야 되는지 물어보셨다.

오랜 시간 마이너스 수익률을 면치 못했던 민이의 암호화폐 계좌도 수억 원을 담게 되었다. 주머니 숨통이 트였다. 수억대라고 애매모호하게 표현한 이유는 암호화폐의 가격 변동성이 워낙 심하기 때문이다. 수억대에서 다시 수천대가 될 수도 있고 우리의 희망회로대로 더 올라준다면 수십 억대가 될 수도 있다. 2025년 기준 폴은 만 32세, 민이는 만 33세다.

이제는 감이 충분히 익었을까. 입 주위에 덕지덕지 홍시를 묻히며 열매를 만끽했을까. 우리는 여전히 감을 따지 않고 있다. 1, 2년 바라보고 투자한 게 아니다. 1970년대에 강남아파트를 샀다고 생각하고 10년, 20년, 30년 뒤를 꿈꾼다. 미국의 도널드 트럼프 대통령은 XRP를 미국의 전략적 자산으로 비축한다는 데 서명했다. 지루했던 소송도 끝이 보인다.

2025년 3월 19일, 리플 랩스의 CEO 브래드 갈링하우스는 SEC가 항소를 철회했다는 소식을 전했다. 이제 시작이다. 소송 이슈가 완전히 끝나면 언젠가 XRP 현물 ETF도 승인될 것이다. 항소 철회 소식에 XRP 가격은 잠시 급등하기도 했지만 조정을 거치며 3,000원대에 머무르고 있다. 이제는 뭐 그러려니 한다.

XRP 투자를 폴과 민이에게만 권유한 건 아니다. 졸업한 제자들, 동료 교사들, 친구들에게 부단히 이야기했다. 내가 XRP 영업사원이라도 되나. 내 권유를 흘려들은 사람도 있고, 매수한 사람도 있다.

XRP 가격이 급등한 이후 누가 가장 아쉬워할까. 중간에 수익을 실현한 투자자들이다. 그들은 내게 전화해 속상한 마음을 토로했다. 가지고 있었다면 지금 얼마일 텐데, 하면서. 나는 그들에게 돈을 벌지 않았느냐, 암호화폐 가격은 얼마든지 다시 떨어질 수 있다, 지금은 내가 옳고 당신이 틀린 것처럼 보이지만 1년 뒤에는 내가 틀리고 당신이 옳았음이 드러날 수 있다, 당신이 판 가격보다 훨씬 저렴한 가격에 다시 살 수도 있다고 이야기한다.

하지만 대다수는 오르는 XRP를 놓치지 않으려고 팔았던 가격보다 더 비싸게 다시 산다. 개수는 줄어든다. 가파르게 오르던 XRP 가격은 다시 가파르게 내려온다. 마음고생이 시작된다. 나 역시 과거에 그랬다. 그들도 이런저런 경험을 거치며 자신만의 투자 원칙을 세워갈 것이다.

그나저나 XRP가 결국 황금으로 드러나야 내 얘기를 듣고 XRP를 매수한 사람들에게 욕먹지 않을 텐데. 아내가 제발 그만 영업하라고 했는데 아예 이 책을 써서 박제해버렸다. XRP가 똥이었음이 드러난다면 나는 두고두고 원망을 듣고 조롱거리가 될 것이다. XRP를 발행한 리플 랩스는 제대로 일하고 있는 걸까.

'ISO 20022'라는 것이 있다. ISO는 국제표준화기구the International Organization for Standardization다. 전 세계적으로 통용되는 다양한 분야의 국제 표준을 제정하고 관리하는 기구인데, 뒤의 숫자는 어떤 내용에 대한 표준인지 알려주는 코드다. ISO 8601은 날짜 및 시간 형식에 대한 표준을, ISO 20000은 IT 서비스 관리에 대한 표준을 의미한다.

ISO 20022는 금융 거래를 위한 메시지 작성에 사용되는 표준 형식을 뜻한다.

ISO 20022를 관리하고 조율하는 등록 관리 기구를 ISO 20022 RMG^{Registration Management Group}라고 한다. 미국, 영국, 독일, 중국, 일본, 한국 등의 주요 국가가 ISO 20022 RMG에 이름을 올리고 있다. 국제결제은행^{BIS}, 유럽중앙은행^{ECB} 등의 국제 기관과 민간 금융 기업인 마스터카드, 비자 등도 ISO 20022 RMG이다. 리플 랩스의 국제결제 네트워크인 리플넷도 ISO 20022 RMG에 포함되어 있다. SEC와의 소송 개시 전인 2020년 상반기부터 RMG에 참여했다. 리플 랩스가 그저 그런 회사가 아닌 것만은 확실해 보인다. 리플 랩스에서 발행한 XRP도 그저 그런 코인이 아니기를 희망해본다.

주식 투자,
이렇게 단순해도 되는 걸까

처가에 갔을 때였다. 부자 아빠께서 키우는 식물을 가리키며 물으신다.

"장훈아, 이게 뭔지 알아?"

"다육이 아닌가요?"

"염좌라는 다육이야. 잎만 떼어내서 흙에 심으면 뿌리를 내리고 자라."

"아, 그래요?"

"이것 좀 가져가서 키워볼래?"

"제가 식물 키우는 데는 영…."

"이게 돈나무라고 불려. 집에서 염좌를 키우면 돈이 들어온다는 속설이 있지."

"그럼 가져가야죠. 열심히 키워볼게요."

그렇게 우리 집에 온 염좌는 나의 관심과 애정을 듬뿍 받으며 자라났다. 한동안 규칙적으로 물도 주고 햇빛도 넉넉히 쬐어주었더니 제법 잘 커갔다. 돈이 막 들어오려나 보다.

그러나 첫째 딸이 태어난 후, 염좌는 내 관심에서 멀어졌다. 애 하나 키우는 것도 벅찼다. 나의 관심과 애정이 사그라지자 염좌도 조금씩 사그라졌다. 오랫동안 물을 주지 않다가 번득 생각나서 왕창 물을 주곤 했다.

어느 날 퇴근 후 베란다에 갔다가 염좌가 완전히 죽어버린 걸 확인했다. 안돼!!!!! 하필 그날은 코인 가격도 왕창 떨어진 날이라 괜히 더 속상했다. 관심과 애정을 갖지 않으면 염좌는 죽는다. 물이 필요할 때 물을 줘야 하고, 햇볕이 필요할 땐 햇볕을 쬐어주어야 한다.

처가에서 장인어른과 TV를 보고 있을 때였다. 어느 방송에서 주식 애널리스트가 주가 전망을 하고 있었다.

"저런 분석이 주식 투자에는 별 의미가 없어."

"아버님께서는 주식을 사실 때 어떤 기준으로 사세요?"

"일 잘하는 기업의 주식을 사지."

"일 잘하는 기업은 어떻게 찾아내나요?"

"산업별 1등 기업이 일을 잘하고 있는 거지."

"다른 기업들이 치고 올라올 수도 있는 거 아니에요?"

"전교 1등이 앞으로도 계속 전교 1등 할 확률이 가장 높은 거야."

"그렇긴 하네요. 그럼 몇 퍼센트의 수익을 보면 매도하시나요?"

"그건 근본적으로 잘못된 질문이야. 결국 돈을 벌려고 주식 투자를 하는 거지만, 돈을 벌려면 돈을 쫓아가서는 안 돼. 기업의 가치를 보고 주식을 샀는데 주가가 좀 올랐다고 주식을 판다? 주가가 올랐다는 건 더 좋은 회사로 인정받은 거니 오히려 더 매수해야 되는 거 아냐?"

"그럼 매수하는 시점은 따로 정해져 있나요?"

"여유 자금이 있을 때마다 매수하지."

"가격이 많이 빠질 때를 기다리지는 않고요?"

"그걸 어떻게 예측하지? 지금이 저점일지, 앞으로 큰 폭의 하락이 있을지, 상승이 있을지 어떻게 알아. 물론 기업

사정과는 관계없이 모든 주가가 빠지는 하락장에서는 더 욕심을 내서 매수하기는 하지."

"그럼 매도는 도대체 언제 하는 거죠?"

"자금난이 목구멍까지 차올랐을 때 하지."

부자 아빠의 주식 투자는 마치 옛날 시골 농부가 소를 키우는 것과 같았다. 어느 농부가 송아지를 한 마리 사 와서 여물을 먹이고 살을 찌우며 키운다. 소는 시간이 흐르면서 몸집도 커지고 무게도 더 많이 나가니 값도 더 많이 오를 것이다. 소는 송아지를 낳기도 한다. 그렇게 소를 한두 마리 늘려간다. 큰아들 대학 갈 때, 큰딸 시집갈 때 돈이 필요하여 어쩔 수 없이 소를 팔아 자금을 마련한다.

가격을 예측하며 소를 사고파는 과정을 반복해서 돈 버는 농부는 없었을 것이다. 물론 리스크도 존재한다. 송아지는 언제든지 병들어 죽을 수 있다. 그러니 송아지를 살 때 아주 튼튼한 놈을 잘 골라야 한다. 이렇게 주식 투자를 해서 정말 돈을 벌 수 있는 건가.

"아버님, 이렇게 주식 투자해서 돈을 벌 수 있나요?"

"나는 이렇게 했기 때문에 벌었다고 생각해."

"이렇게 간단한데 왜 대부분의 사람들은 주식으로 돈

을 잃죠?"

"엉덩이가 너무 쉽게 들썩거려서 그래. 엉덩이 무거운 학생이 공부 잘하듯, 주식도 엉덩이 무거운 사람이 돈 버는 거야."

첫째 딸이 태어난 후 딸 이름으로 주식 계좌를 만들어 줬다. 둘째 딸이 태어난 후 주식 계좌를 하나 더 만들었다. 아이들이 용돈 받을 때마다 단 1원도 가로채지 않고 각자의 주식 계좌에 넣어준다. 용돈의 가장 큰 기여자는 아이들의 외할아버지인 부자 아빠다. 나도 가끔은 부자 아빠의 사위가 아니라 손자이고 싶다….

두 딸의 용돈으로 우리나라 1등 기업인 삼성전자의 주식을 꾸준히 사 모으고 있다. 최근에는 어느 바이오 기업의 주식도 매수하기 시작했다. 나는 코인으로 투자를 시작해서 그런지 주식의 변동성은 변동성처럼 느껴지지도 않는다. 아주 평온하게 투자하고 있다. 딸이 스무 살이 될 때까지는 오직 매수만 하려 한다. 주식 투자, 이렇게 단순해도 될까? 한번 해보련다.

위대한 투자자 앙드레 코스톨라니도 이렇게 말했다. "솔직히 말하면, 난 여러분 모두에게 장기 투자를 권하고 싶다. 장기 투자는 모든 주식 거래 중 평균 이상의 결과물을 약속한다."

주식 투자하는 친구들에게 장기 투자에 관해 이야기하면 대다수가 나를 답답해한다. 좋은 기업에 투자하면 언젠가 큰돈이 될 거라는 나의 믿음을 순진한 것으로 여긴다. 그들은 한국전력을 예로 들며 장기 투자의 위험성에 대해 이야기한다.

한국전력은 1990년대 초반, 대한민국 시가총액 1위 기업이었다. 1990년대 한국전력의 주가는 주로 10,000원에서 20,000원대에 걸쳐져 있었다. 2025년에는 어떨까. 20,000원대에 머물러 있다. 1990년 대에 삼성전자 주식을 산 사람과 한국전력 주식을 산 사람의 투자 수익률은 하늘과 땅 차이다.

장기 투자를 하려면 앞으로도 성장할 기업을 분별하는 안목이 정말 중요하다. 그러한 안목은 쉽게 가질 수 있는 게 아니다. 인정한다. 하지만 나는 그들에게 반문한다. 시장을 예측하는 건 쉬운가. 타이밍을 맞추는 게 가능한 일인가 말이다.

피터 린치, 존 로스차일드의 책《전설로 떠나는 월가의

영웅》에서 투자의 거장들은 말했다. "폭락하기 직전에 시장에서 빠져나올 수 있다면 얼마나 근사했을까? 하지만 폭락 시점을 정확히 예측할 수 있는 사람은 아무도 없다. 용케 시장에서 빠져나와 폭락을 피한다고 해도 다음 반등장 전에 다시 시장에 들어갈 수 있으리라는 보장을 누가 할 수 있을까?"

나는 투자에서 끝까지 살아남은 거장들의 지침을 따르고 있다. 거장들이 제안하는 원칙은 단순하다. 투자 원칙이 간단하다고 돈 버는 게 쉬운 건 아닐 거다. 장기 투자를 위해서는 시류에 휩쓸리지 않는 뚝심과 인내가 필요하다.

처가에 있는 염좌는 여전히 아주 잘 자라고 있다. 관심과 애정이 끊이지 않았기 때문이다. 식물처럼 돈도 잘 자라려면 관심과 애정이 있어야 한다. 아직 갈 길이 먼 부자 지망생인 나와 부자 아빠 중에서 누가 더 돈에 대한 관심과 애정이 많을까? 당연히 부자 아빠다. 비교가 안 된다. 부자 아빠는 늘 신문과 경제 매거진을 보면서 세상의 흐름을 읽고 돈이 어디로 향하는지 주시하신다. 부자 아빠의 돈이 더 잘 자랄 수밖에 없는 이유다.

시드머니에도 차이가 크다. 월급쟁이인 나의 낚싯대는

부자 아빠의 낚싯대보다 훨씬 짧아서 대어를 잡기가 어렵다. 작은 물고기만 어슬렁거릴 뿐이다. 그나마 짧은 낚싯대도 고작 한두 개 내리고 손을 벌벌 떨며 대어 잡기를 기원하고 있다. 사업가인 부자 아빠는 여기저기 긴 낚싯대를 내리고 느긋하게 대어를 기다린다. 월급쟁이로 살면서 낚싯대를 늘려가는 건 현실적으로 한계가 있다. 대어를 잡는다는 보장도 없다. 투자로 부자 되는 게 어디 쉬운 일인가. 나는 100억을 목표로 하고 있는데 말이다.

그러다 '결국 사업을 해야 하는 게 아닐까'라는 결론에 이르렀다. 사업을 하고 싶다는 생각을 내비치자 부자 아빠는 단호하게 말씀하셨다.

"장훈이는 사업할 명분이 없어."

"아니, 100억을 벌려면…."

"돈을 쫓아가면 필연적으로 망하게 되어 있어."

PART 4

사업을
시작하겠습니다

"사업가는 직장인보다
얼마나 더 벌어야 된다고 생각해?"
"3배 정도 더 벌어야 할까요?"
"나는 20배 이상은 벌어야 된다고 생각해."

선배의 카톡 프로필 사진을 보고 눈이 뒤집혔다

 사업을 해야겠다는 생각의 씨앗이 내 인생에 처음 내려앉은 건 군대 전역 후 대학교 2학년 때였다. 아내를 만나기 전이었다. 동서남북 어디로 고개를 돌려도 교사가 될 학생들만 있는 대학교에서 여러 수업 과정을 통해 내가 꿈꾸는 교사상에 대해 구체적으로 그려보기 시작했다. 문득 내가 꿈꾸는 교사로서의 삶은 이십 대 후반에서 삼십 대 중반까지만 가능하겠다는 자각이 왔다. 삼십 대 중반 이후부터 육십 대 초반까지도 교사로 살 수 있을까? 고민을 거듭해 봐도 대답은 'No'였다.

그때 막연하게 생각했다. 교사로서의 삶은 최소 5년, 최대 10년까지다. 그 이후는 새로운 삶을 살아보자. 탐색이 필요했다. 다양한 직종에 종사하는 사람들의 자서전을 읽기 시작했다. 학자, 교육자, 디자이너, 엔지니어, 성직자, 정치인, 사업가 등등. 그중에서도 사업가들이 쓴 자서전에 손이 많이 갔다. 그들의 인생살이에 가슴이 뛰었다. 또 다른 사업가의 인생을 엿보고자 아침 일찍 눈이 떠졌다. 그래, 교사 이후는 사업가다. 사업을 해야겠어. 사업으로 세상을 이롭게 하고 싶다는 순수한 열망이 있었다.

삼십 대 중반이 되었다. 이십 대의 순수했던 열망은 거의 사그라들었지만 여전히 가슴 한구석엔 사업에 대한 불씨가 남아있었다. 친구들과의 만남에서 사업하고 싶다는 말을 하면 다들 헛소리하지 말고 교사 열심히 하라고 했다. 틀린 말은 아니다. 뭐, 딱히 대단한 아이템도 없고 사업 아니면 죽을 것 같은 갈망도 아니었다. 너무나 막연한 동경일 뿐이었다.

2018년에 결혼을 하고 2020년까지 주말부부를 했다. 나는 전국 대도시마다 초·중·고등학교가 있는, 꽤 큰 규모의 재단에서 운영하는 사립학교 교원이었다. 발령도 전국

단위로 난다. 광주에서 근무하던 나는 신혼집이 있는 대전으로 오기 위해 2018년부터 전근 신청을 했지만 번번이 실패했다. 2020년 가을, 아내가 임신을 했다. 임신 사실을 인지한 날부터 대전에서 광주로의 출퇴근을 시작했다.

왕복 4시간 40분. 새벽마다, 저녁마다 호남고속도로를 달리며 생각했다. 내년에도 대전으로 발령받을 거란 보장은 없다. 아내의 직장은 옮길 수 있는 여지도 없는데. 대전으로 발령받아도 언젠가는 다른 지역으로 또 옮겨야 할 텐데. 그럼 아내, 아이와 다시 떨어져 살아야 하나. 언제까지 이렇게 살아야 하나.

고민 끝에 아내를 설득해 보기도 했다. 그냥 우리 둘 다 일을 그만두자. 그리고 내가 아버님 회사에 가서 일을 하겠다. 아내도 당시 생각이 많았다. 아내는 아이를 낳으면 꼭 제 손으로 키우고 싶어했다. 당시 아내가 다니던 직장은 육아휴직도 최대 1년이었다. 아내도 흔들렸다.

부자 아빠께 전화로 넌지시 말씀드렸다. 화들짝 놀란 장인어른께서는 주말에 장모님과 함께 대전으로 내려오셨다. 우리 부부의 이야기를 들은 부자 아빠는 말씀하셨다.

"장훈이가 우리 회사로 온다고 하면 나는 두 팔 벌려 환영이야. 내 입장에서는 장훈이 같은 직원이 있으면 너무 좋지. 그런데 우리 회사는 너무 열악해. 교사를 하던 장훈이가 과연 만족할 수 있을까? 우리 회사에서 일하다가 언젠가는 사업가가 되어야 할 텐데, 사업가의 삶을 살고 싶어? 사업은 겉으로 보기엔 화려하지만, 담 하나 건너 지하 월세방이 기다리고 있는 삶이야. 나는 늘 아슬아슬하게 그 담을 걸어가는 기분으로 살아. 일단 대전으로 발령 나면 좀 지내보고 나서 다시 생각해보자."

다음 해, 다행히도 대전으로 발령이 났다. 우리 부부는 더없이 행복했고 아이도 건강하게 잘 태어났다. 아이가 태어난 후에야 비로소 돈의 위력에 눈을 떴다. 내가 부잣집에 장가갔다는 사실을 그제야 실감하기 시작했다. 첫 손주를 본 부자 아빠는 손주가 원하는 것이라면 무엇이든 손에 쥐어주셨다. 부자 아빠는 손주가 더 원하기만을 기다린다. 돈은 정말 좋은 것이었다.

우리 부부는 정말 감사하게도 부부 싸움 한 번 없이 행복하게 아이를 양육하고 있다. 서로를 배려하는 마음 덕분이겠지만 부자 아빠의 경제적 지원도 분명 한몫하고 있음을 인정하지 않을 수 없다.

어느 날 아내가 이야기한다.

"우리도 아이들이 커서 결혼하고 아이 낳고 키울 때 이렇게 도와줄 수 있을까?"

"쉽지 않지."

부자 아빠는 딸이 하나지만 우리는 자녀 셋을 계획하고 있다. 돈의 쓰임에 대해 눈을 뜬 나는 아내가 둘째를 임신한 이후 돈을 더 갈망했다.

아이를 재워놓고 아내와 소파에 누워 각자 휴대폰을 보며 쉬고 있을 때였다.

"오빠, 대박. 이승민 선생님 건물 올리나 봐."

"오잉? 승민이 형님이?"

아내가 승민이 형님의 카톡 프로필 사진을 보고 이야기했다. 건물이 올라가는 사진이었다. 승민 형님은 나의 대학 선배다. 선배는 졸업 후 아내가 다닌 고등학교의 교사가 되었다. 아내는 기숙사 사감이었던 이승민 선생님을 잘 따랐다. 선생님의 추천으로 우리가 만난 대학까지 입학할 정도로 말이다.

선배는 내가 교사가 되고 얼마 지나지 않아 퇴직하고 사업을 시작했다. 사업 10년 만에 건물주가 된 것이다. 한창 돈을 갈망하던 나는 형님의 카톡 프로필 사진을 보고 눈이 뒤집어졌다. 형님을 만나야겠다.
 "자기야, 우리 승민이 형님 뵈러 가자."

강남 건물주가 된
선배 교사

 승민 선배에게 연락하여 새로 지은 건물을 구경하고 싶다고 했다. 선배는 만날 날을 정하고 주소를 보내주셨다. 서울특별시 강남구다. 와우. 강남 건물주가 된 것이다. 대체 이 형님에게 무슨 일이 있었던 걸까.

 선배는 대학생 때부터 괴짜로 유명했다. 뭐 하나에 꽂히면 끝장을 보는 성격이라 게임, 바둑, 노래 등 본인의 취미 생활에서 꽤 높은 경지까지 올라갔다. 몰입하는 힘이 다소 부족한 나는 선배의 몰입 능력을 우러러보며 부러워했다.

 선배는 학교에서도 인정받는 교사였다. 승민 선배의 제

자인 아내도, 동료 교사들도 선배는 늘 열정 넘치고 학생들을 사랑하며 탁월한 성과를 내는 교사라고 평가했다. 그런 선배가 퇴직한다고 했을 때 많은 동료 교사들이 아쉬워하면서 험난한 사업의 길로 들어서는 선배를 우려 섞인 눈빛으로 바라보았다.

그러나 나는 선배를 응원했다. 선배는 분명 탁월한 경지에 이를 때까지 사업에 몰입할 사람이었다. 선배도 교사가 되기 전부터 사업에 대한 꿈이 있었을까.

"형님, 원래 사업에 대한 꿈이 있었어요?"

"아니, 나는 교장선생님 되는 게 꿈이었지."

"진짜요? 근데 어쩌다 사업을 하게 된 거예요?"

"그러게 말이다. 하하하."

선배는 대학 졸업 후 고등학교 사회 교과 교사가 되었다. 열정적인 초임 교사였다. 학생들에게 좋은 영향을 주며 만족스러운 삶을 살았다. 대학 시절부터 사귀던 여자친구와 결혼을 했다. 교사 부부였다. 첫째 아이가 태어났다. 학교에서는 젊고 유능한 선배에게 심화반 기숙사 사감을 맡겼다. 나의 아내가 그 기숙사에서 고등학생 시절을 보냈다. 아내가 고등학생 때를 떠올리며 이승민 선생님 이야기를 종종했다.

"그때 학교가 이승민 선생님한테 진짜 너무했어."

"왜?"

"아니, 그때 신혼이셨잖아. 학교 기숙사가 진짜 최악이었거든."

"아, 진짜?"

"여름에는 덥고 곰팡이 피고, 돈벌레 알지? 다리 엄청 많은 거. 여름 되면 돈벌레가 진짜 많이 나왔어. 겨울에는 춥고 난방이 잘 안 돼서 한겨울에는 이불 덮는 것만으로는 부족해서 패딩 두르고 잤다니까. 그 건물 사택에서 갓난아기 키우는 게 얼마나 힘드셨겠어. 학생인 우리도 사모님을 안쓰러워할 정도였어."

"그랬구나."

"선생님은 학교에서 일하다가 허리를 심하게 다쳐서 병원에 꽤 오래 입원하시기도 했어."

인생지사 새옹지마라고 했던가. 허리디스크로 병원에 입원해 있던 두 달의 시간이 그의 인생을 바꾸어 놓았다. 병원에서의 시간은 지루했다. 추후 학생들 교육에 필요한 필독서를 읽었다. 사회 교과를 가르쳤기에 필독서 목록에는 경제 관련 도서들도 있었다. 그중 한 권에 빠져들었다. 로버트 기요사키의 《부자 아빠 가난한 아빠》.

당시는 선배가 돈에 대한 고민을 시작하던 시기였다. 부부 교사였기에 안정적으로 잘 살 줄만 알았는데 아이가 태어나니 한 사람은 휴직을 해야 했고, 교사 한 명분의 월급으로 세 식구가 살아가기에는 빠듯했다. 기숙사 사택에 신혼 살림을 차려서 주거비용은 들어가지 않았지만 사택은 아이를 키우기엔 지독히 열악한 환경이었다. 전셋값이라도 있어야 기숙사를 벗어날 텐데 돈이 없었다.

오랜만에 참석한 동창회에서 만난 친구들은 주식 투자로, 부동산 투자로 돈을 벌었다며 자랑했다. 조바심이 났다. 병원에서 책으로 만난 로버트 기요사키가 그의 구원자처럼 다가왔다. 기요사키는 선배에게 교사도 투자로 얼마든지 부자가 될 수 있다고 용기를 주었다. 그래, 정답은 투자다. 주식 세계에 빠져 들어보자. 주식 관련 책을 100권 이상 읽었다. 금방이라도 주식 투자로 부자가 될 것만 같았다. 그는 실행력이 빠르고 과감했다.

허나 벌기도 하고 잃기도 하면서 결국 제자리걸음이었다. 주식 공부에 할애한 시간에 비해 재미를 못 봤다. 주식 투자로는 안 되는 것일까. 로버트 기요사키가 쓴 다른 책들을 빌려 읽어보았다. 기요사키는 사업 투자도 가능함을 알려주었다. 교사였기에 사업을 할 순 없지만 사업가에게 투자할 수는 있다. 엔젤투자매칭펀드 같은 사이트를 통해 투자할 곳을 탐색했고 투자처를 찾았다. 투자처에서는 자신 있게 투자를 권유했다.

"선생님, 저희는 아이템이 확실합니다. 자본이 투입되고 사업 운영을 시작하면 안정적인 수익을 가져올 수 있을 겁니다."

"수익이 얼마나 되죠?"

"1억을 투자하시면 매달 300만 원의 수익금을 얻으실 수 있습니다."

"300만 원이요?"

300만 원이라. 당시 그의 월급 통장에 찍히는 액수를 훌쩍 뛰어 넘는 금액이다. 2억을 투자하면 수익금은 600만 원이다. 그는 실행력이 빠르고 과감했다. 교직원공제회, 사학연금 등에서 받을 수 있는 모든 대출을 총동원했다. 가족들에게도 돈을 빌렸다. 1억 9,000만 원을 투자했다. 이제 매달 600만 원에 가까운 돈이 들어오게 되는 것이다. 콧노래 부르며 수익금을 배당 받는 날만 기다렸다.

"선생님, 아무래도 자본이 부족합니다. 조금만 더 넣으면 확실해져요."

투자처에서는 돈을 더 요구했다. 여기서 멈추자니 지금까지 쏟아부은 돈이 날아가게 생겼다. 넣고, 넣고, 또 넣고 하다 보니 빚은 4억에 이르렀다. 그가 투자한 대상은 사기꾼이 아니었다. 정말 착한 사람이었다. 하지만 능력이 없었다. 선배는 이 경험을 통해 인성만 훌륭한 사람이 아닌 능력까지 갖춘 사람과 사업 파트너를 맺어야겠다는 결심을 했다.

교사 월급으로 4억이라는 빚을 갚을 수 있을까. 이제 둘째도 생겼다. 그는 투자자가 아니라 사업가가 되어야겠다고 결심했다. 돈이 없는데 어떻게 사업을 할 수 있을까. 다시 기요사키의 책을 붙들었다. 기요사키는 온라인으로 작게 시작해보라고 알려줬다.

주위 사람들에게 온라인 쇼핑 사업에 관해 물어보았다. 대다수가 고개를 저었다. 딱 한 사람, 온라인 쇼핑몰로 대박이 난 지인만이 그에게 한번 해보라고 권했다. 그는 이번에도 실행력이 빨랐다. 500만 원을 주고 쇼핑몰을 인수했다.

그런데 인수하고 보니 엉터리였다. 쇼핑몰을 개선하기 위해서는 추가 비용이 계속 필요한 상황이었다. 쇼핑몰을 다듬어서 건강식품 판매를 개시했다. 전국 최저가로 올렸다. 이제 돈 버는 일만 남은 건가. 뭐지? 전국 최저가인데 아무도 사지 않는다. 건강식품 최고 브랜드 상품인데 말이다.

왜 그럴까? 고객은 가격만 보고 사지 않는다. 누구에게, 어디서 사는지도 중요했다. 오프라인 매장과 같이 운영하면 온라인 쇼핑몰에 대한 신뢰도가 높아질 것 같았다. 그는 실행력이 빠르고 과감했다. 지방에 오프라인 매장을 열었다. 온라인 쇼핑몰과 오프라인 매장이 힘을 합치면 지금까지의 실패를 모두 만회하고도 남으리라. 이틀 뒤, 한 TV 프로그램에서 건강식품을 두들겨 팼다. 건강식품 온라인 쇼핑몰도, 오프라인 매장도 그렇게 두들겨 맞고 KO 당했다.

비록 온라인 쇼핑몰은 실패했지만 운영하면서 배운 점이 많았다. 고객 모집에 효과적인 글쓰기, 웹 디자인, 코딩 등 배운 걸 토대로 인터넷 카페를 운영하면 잘할 수 있을 것 같았다. 회원 수가 15만 명인 포털사이트 다음의 한 카페를 인수했다.

인수하고 보니 실제 활동하는 회원은 몇백 명 남짓이었

다. 다양한 방법을 동원해 카페를 살려나가기 시작했다. 활동하는 회원 수가 차츰 늘었고, 배너 광고도 들어오기 시작했다. 들어오는 광고만 기다리지 않았다. 적극적으로 배너 광고주를 찾았다. 블라인드, 도배 업체 등에 전화를 돌렸다. 시간이 지날수록 타깃이 정교해졌고, 광고주들이 늘어났다. 배너 광고 수입이 꽤 괜찮았다.

방문자를 확인할 수 있는 데이터인 트래픽이 높은 곳에 돈이 모인다는 사실을 깨달았다. 당시는 페이스북 이용자가 많아지던 시기였다. 회원 수가 만 명인 페이스북 페이지를 인수했다. 그동안 실패하면서 얻은 경험은 엄청난 화력을 발휘했다. 회원 수가 10만 명까지 불어났고 광고 문의가 폭주했다. 대기업에서 광고를 의뢰할 정도였다.

페이스북 페이지에서 광고의 위력이 얼마나 대단하길래 광고 문의가 소나기 내리듯 쏟아지는 걸까. 광고주 업체를 방문해보았다. 광고가 나간 오프라인 가게에는 줄이 섰고, 온라인 쇼핑몰은 서버가 다운됐다. 온라인 마케팅의 힘을 확인하는 순간이었다. 이거다.

네이버, 다음, 구글 등에서 활약하는 온라인 마케팅 전문가라는 사람들을 찾아다녔다. 고수들에게 진하게 배운 후 '애드리절트'라는 이름을 내걸고 온라인 마케팅 회사를 창업했다. 두 명으로 시작해서 현재는 40명 이상의 마케터들이 일하고 있는 광고대행사로 성장했다.

승민 형님이 말했다.

"나는 교사였잖아. 마케팅 일의 본질이 교사의 업과 맞닿아 있는 것 같았어."

"어떤 면에서요?"

"교사는 학생들의 성장을 위해서 일하는 사람이잖아."

"그렇죠."

"마케팅도 고객의 성공을 목표로 일하는 거야."

"그렇네요."

"지그 지글러가 쓴 《세일즈 클로징》이라는 책에 이런 문장이 있어. '다른 사람들이 원하는 것을 얻을 수 있도록 최선을 다해 도와주면 당신이 인생에서 원하는 모든 것을 가질 수 있다.' 내가 성공하고 싶은 만큼 우리 고객이 성공할 수 있도록 최선을 다하다 보니 여기까지 올 수 있었던 것 같아."

애드리절트의 사무실이 강남구 논현동에 있던 시절이 있었다. 당시 형님의 별명은 '논현동 등대'였다. 애드리절트 사무실은 새벽에도 좀처럼 불이 꺼지지 않았다. 고객 한 명, 한 명에게 최선을 다했다. 100을 원하는 고객에게 150을 주었다. 잘될 수밖에 없었다.

고객은 그의 사업 파트너가 되고 멘토가 되었다. 부동산업에 종사하는 고객의 도움으로 부동산 투자를 시작했다. 매년 등기 서류를 하나씩 늘리는 걸 목표로 부단히 달렸다. 도무지 헤어날 길이 보이지 않던 숱한 실패를 딛고 일어나 100억대 자산가가 되었다. 500억대 자산가를 꿈꾸며 오늘도, 내일도 신바람 나게 달린다.

회사 앞에 주차된 승민 형님의 고급 차를 보고 무언가 생각난 아내가 말했다.

"나 고등학생 때 우리 아빠가 기숙사에 오신 적이 있었거든?"

"응응."

"그때 이승민 선생님이 우리 아빠 차 보고 놀라면서 엄청 감탄했다?"

형님은 감탄하는 사람이었다. 감탄하는 사람이 갈망한다. 갈망하는 사람이 움켜쥔다. 나도 형님 회사 건물을 보고 감탄했다, 나에게도 강남 건물을 주소서.

수험생, 영업사원, 마케터, 그리고 작가가 된 수학 교사

나는 초임 교사로 부임한 날부터 퇴직을 계획했다. 교사로서의 삶은 최소 5년, 최대 10년이다. 일말의 아쉬움도, 미련도 남기지 않으려는 듯 학교 일에 미쳐 살았다. 3년 차쯤 되니 고민이 시작됐다. 교사를 퇴직한 후 뭘 해야 하나. 사업은 하고 싶은데 아이템이 없다. 내가 무슨 사업을 할 수 있을까.

중학교 1학년 수업 중이었다. 한 학생이 뜬금없는 소릴 했다. "선생님, 나중에 저 의사 되면 저랑 같이 의료 봉사 가실래요?"

그 중학교는 입학 시험을 치른다. 학업성취도가 뛰어난 학생들이 많았다. 우등생들의 장래희망은 대다수가 의사였다. 학부모 중에도 의사가 태반이었다. 여전히 젖살이 덜 빠져서 볼이 포동포동한 중학교 1학년 학생들이 아침 독서 시간에 영어 원서를 읽고, 쉬는 시간마다 고등학교 《실력 수학의 정석》을 꺼내 푸는 게 흔한 풍경이었다. 이 귀여운 중1 범생이들은 분명 의사가 될 것이다. 제자들과 함께 의료 봉사라. 상상만 해도 너무 멋지다.

"정말 멋진 제안인데? 20년 뒤, 2034년부터 가면 어떨까?"

"너무 좋아요 선생님!"

학생들이 신났다. 의료 봉사지, 놀러 가는 수학여행이 아니란다. 그날부터 내 모든 인터넷 계정의 비밀번호에는 '2034project'가 포함됐다. 2034년이 되면 제자들과 의료 봉사를 가자.

문득 나도 교사를 퇴직한 후에 의대에 갈까, 하는 생각이 꿈틀댔다. 의대에 가고 싶다고 갈 수 있는 것도 아닌데 근거 없는 자신감이 솟구쳤다. 그래, 병원을 운영하는 의사도 사업가 아닌가.

당시는 부자 아빠께 제출할 인생 계획서를 작성하던 때였다. 인생 계획서에도 5년간 교사로 근무하고 퇴직 후 의과대학에 가겠다는 야심 찬 계획을 포함했다.

중학교에서 3년 근무한 후 고등학교로 적을 옮겼다. 고등학교로 적을 옮긴 첫해부터 수능시험에 응시했다. 학생들을 지도하면서 공부했다. 수학이야 내가 가르치는 과목이어서 자연스레 공부가 됐고, 국어와 영어는 자율학습 감독을 하면서 공부했다. 나는 선수들보다 더 열심히 훈련하는 감독이었다.

수능 날, 선수들이 경기장에 입장할 때 감독도 같이 필드로 들어갔다. 시험장으로 들어가는 나를 보고 한 학생이 말했다.

"선생님, 어디 가세요?"

"나도 경기에 참여하려고."

"네?"

"시험 잘 봐라."

수험장은 남자 냄새가 물씬 나는 남자고등학교였다. 1급 정교사 연수를 같이 받았던 다른 학교 선생님을 만났다. 수능 감독을 위해 온 것이다. 그분은 당연히 나도 수능 감독을 하러 온 줄 알고 수고하라고 인사했다. 나는 감독관이 아니라 수험생이었다.

결과는 실패였다. 총 세 번을 봤는데 모두 실패했다. 나이가 있었기에 수시는 불가능으로 여겼다. 수능 점수로만 뽑는 정시를 노렸는데 의대 정시 입시는 스타플레이어들의 영역이었다. 감독 체면만 구겨졌다.

내가 천재도 아니고 일과 공부를 동시에 하기는 어렵다. 퇴직하고 공부에만 집중해보자. 교감선생님께 계획을 말씀드리니 절대 안 된다고 말리셨다.

"아직 결혼도 안 하지 않았는가. 퇴직하더라도 결혼부터 하고 하게."

결혼하면 헛소리는 그만 집어치울 거라 생각하셨던 거다. 교감선생님 덕분에 백수 신세는 면했지만 애매모호한 상태가 되었다. 교직에 대한 마음은 이미 강을 건넜다. 이후 시간은 승패가 뻔한 경기의 의미 없는 연장전처럼 느껴졌다.

그러다 학교에 새로 전근을 오신 선생님이 교무기획부장이 되었다. '하 부장님'의 중요 업무 중 하나는 신입생 모집 홍보였다. 우리 학교는 학생을 배정받지 않았기에 지원하는 학생이 적으면 미달 상태가 된다.

하 부장님은 슈퍼 파워 우먼이었다. 그분은 해오던 대로 일하지 않았다. 중요 업무가 있을 때마다 TF를 구성했다. 나는 교무기획부원도 아니었는데 불려 다녔다. 해가 바뀌었고, 나는 하 부장님께 또 작년처럼 일을 시키실 거면 아예 교무기획부로 옮겨달라고 말씀드렸다. 그렇게 부서를 옮기고 신입생 모집 홍보가 나의 주 업무가 되었다.

이전까지 신입생 모집 홍보는 성가시긴 했으나 어려운 일이 아니었다. 고등학교 입학 원서 시즌이 다가오면 교무기획부장이 인근 중학교를 순회하며 3학년 학년부장과 진로부장을 만나 우리 학교를 소개하는 팸플릿 자료를 주고 오면 그만이었다.

팸플릿 자료도 매년 비슷했다. 방문한 중학교의 3학년 학년부장과 진로부장이 그 학교 학생들에게 우리 학교를 소개하지 않으면 아무 소용없는 일이었다. 그래서 하 부장님과 나는 학생들을 직접 만나려 했다. 우리는 중학교를 방문하기 전에 먼저 그 학교 학년부장과 통화하면서 학생들에게 우리 학교를 직접 소개할 수 있는 장소와 시간을 부탁드렸다.

"선생님, 안녕하세요. A 고등학교 신입생 모집 담당 교사 배장훈이라고 합니다. 3학년 학생들을 만나 직접 학교를 홍보하고 싶은데, 시간과 장소만 마련해주실 수 있을까요?"

"아, 저희 학교에는 A 고등학교에 지원하려는 학생이 없어요. 오셔도 학생들이 홍보하는 자리에 가려고 하지 않을 겁니다."

"괜찮습니다, 선생님. 학생들은 저희가 알아서 모아볼게요. 시간과 장소만 꼭 좀 부탁드립니다."

그저 그런 자료로는 학생들에게 우리 학교를 각인시키기 어렵다. 팸플릿에 들어가는 문장 하나 하나, 사진 한 장, 한 장에 공을 들였고, 몇 개월에 걸쳐 홍보 영상을 제작했다. 중학교 3학년 학생들을 한 자리로 모이게 하는 방법은 매우 간단했다. 막대 사탕 하나면 충분했다. 점심 시간에 3학년 교실을 돌며 외쳤다.

"여러분, A 고등학교에서 왔습니다. 1시까지 특별실로 오시면 여기 있는 막대사탕 드릴게요. 편한 마음으로 오세요."

학생들은 괴성을 뿜으며 벽돌도 씹어 먹을 기세로 돌진

했다. 입에 사탕을 하나씩 물려주면 자연스레 조용해졌다. 팸플릿 자료를 나눠주고 홍보 영상을 보여주었다. 내가 앞으로 나와 우리 학교를 열심히 팔았다. 왜 우리 학교에 와야 하는지 설명했고, 부족한 부분은 하 부장님이 보강했다.

우리는 보따리장수처럼 팸플릿을 싸들고 광주에 위치한 중학교를 돌며 영업했다. 길 가다가 중학교 학생을 만나면 몇 학년인지 묻고, 3학년이면 차 트렁크를 열어 팸플릿 자료와 조그만 선물을 주었다. 매우 **빡빡한** 일정이었지만 힘들지 않았다. 우리 학교에 지원할 학생이 없을 거라고 단언했던 중학교에서 원서를 2명, 3명씩 냈다. 영업이 정말 재미있었다.

스타벅스의 창업자 하워드 슐츠도 커피 제조기 영업사원부터 시작하지 않았던가. 사업을 하기 위해 영업부터 배우고 싶었다. 그래서 장인어른께 제안을 드렸다. 학교를 그만두고 아버님 회사에서 일을 하고 싶다고. 이건 뭐, 조기축구회에서 볼 좀 찬다는 소릴 듣고 프로 구단에 입단하겠다고 설치는 꼴이었다. 장인어른께서는 나를 말리셨다.

첫째 아이가 태어나고 1년 3개월간 아내가 주 양육자로 아이를 돌봤다. 아내의 출산휴가와 육아휴직 기간이 모두 동난 후 아내는 복직했고, 내가 휴직해서 주 양육자가 되었다. 오랜 기간 자취하면서 손에 물 좀 묻혀봤기에 집안살림은 자신 있었지만 육아가 걱정이었다.

다행히도 걱정했던 것에 비해 아이가 날 잘 따라줬다. 아이는 낮잠을 하루에 두 번이나 잤다. 후다닥 집안일을 마치고 아이와 함께 낮잠을 잤다. 아이의 리듬에 맞춰 기계적으로 시간을 보내면 아내가 퇴근하고 돌아왔다. 아이는 엄마와 놀다 잠들었고, 피곤한 엄마도 금방 잠들었다. 침을 한 바가지 흘리며 낮잠을 즐긴 나만 정신이 말똥말똥했다.

조용한 밤이 되면 예전에 읽었던 책들을 다시 펼쳐 들었다. 비즈니스, 세일즈, 마케팅 이런 단어들에 가슴이 뛰기 시작했다. 사업해야 되는데, 사업해야 되는데… 사업을 해야겠어. 교사를 그만두지 않고도 할 수 있는 사업은 없을지 고민했다. 임대업은 겸직이 가능하지 않던가. 임대업을 해야겠다. 내가 가진 자본 수준에 맞는 임대업을 찾아야 한다.

그러다 어느 유튜브 영상에서 시골 폐가를 구입해 예쁘

게 리모델링한 후 별장으로 사용하는 걸 보게 되었다. 바로 이거다. 검색해보니 시골 폐가를 리모델링한다고 하면 지자체에서 비용도 지원해주었다.

바로 다음 날부터 아이를 차에 태우고 집에서 3시간 이내에 갈 수 있는 시골 마을을 탐방했다. 아이는 차에서 낮잠을 잤다. 어떤 폐가를 살 것인가. 집 뒤에는 나지막한 언덕이 있고, 남쪽을 향해 터를 잡아 햇살이 넉넉하게 들어오고, 마당에 앉아 눈을 들면 너른 들판이 보였으면 좋겠다. 삼천리 금수강산답게 시골에는 아름다운 마을이 정말 많았다. 폐가는 무서우리만큼 널렸다. 아기 웃음소리가 귀한 시골에서 우리 아이는 처음 보는 할머니들의 사랑을 독차지했다.

몇 군데 후보지를 정하고 주말이면 아내와 함께 둘러봤다. 마음에 드는 매물은 모두 법적으로 등기되지 않은 미등기 주택이었다. 미등기 주택에서는 임대업을 할 수 없다. 게다가 가격도 비쌌다. 오랜 세월 사람의 손길이 닿지 않아 먼지가 수북이 쌓여 있고, 서까래와 담은 무너지기 일보 직전인데 말이다. 거참.

그러던 와중에 이승민 대표님을 만난 것이다. 형님에게

시골집 임대업에 대한 계획을 이야기했다.

"나도 어느 경영 책에서 읽은 건데 '제대로 된 일'을 하는 것이 '일을 제대로 하는 것'보다 훨씬 중요하다는 말이 있더라."

형님의 말이 마음에 콕 박힌다.

"시골집 임대업은 제대로 된 일이 아닐까요?"

"처음 하는 사업 치고는 비용도 만만치 않고, 너무 많은 영역의 능력이 필요한 일 같아. 게다가 눈에 띄는 일이다 보니 혹시라도 잘 안 됐을 때 주위의 시선으로 좌절이 더 클 수도 있어."

"그런가요?"

"사업을 처음 하는 것이니 실패할 확률이 높은 게 당연하잖아. 그런데 실패가 너무 크면 나중에 다시 도전할 기회조차 없을 수도 있어. 기왕이면 최대한 성공 가능성이 높은 최소 규모의 사업으로 시작해보길 추천해. 지금은 많이 배워야 하는 시기잖아."

"그렇군요."

"너무 서두르지 말고 일단 온라인 마케팅부터 배워보는 건 어때?"

"그럴까요?"

"온라인 마케팅을 배워두면 어떤 사업을 하더라도 강력한 무가가 될 수 있을 거야."

"정말 감사합니다."

그렇게 나는 이승민 대표님의 제자가 되었다. 추천 도서를 읽고, 녹화된 강의를 수강하고, 글쓰기를 배웠다. 글쓰기라곤 가끔씩 일기장에 끄적이는 게 전부였다. 온라인 공간에 글을 써본 적은 더더욱 없었다. 낯선 일이었지만 다양한 플랫폼에서의 글쓰기를 배우며 익혀갔다.

그러다 카카오에서 운영하는 브런치 스토리(이하 브런치)라는 플랫폼을 알게 됐다. 브런치는 작가 신청을 하고 운영진이 내 글을 심사해서 통과가 되어야만 글을 쓸 수 있다. 도전 정신이 발동했다. 작가 신청을 하고 합격한 이후 글을 써나가기 시작했다. 브런치에 올라온 글 중에서 사람들이 많이 클릭할 만한 글은 다음 홈페이지에 노출되고 있었다. 다음 홈페이지에 글이 노출되면 조회수가 폭발한다. 트래픽 높은 곳에 돈이 모인다는 이승민 대표님의 이야기가 생각났다.

브런치에서 트래픽을 일으키는 글쓰기를 훈련해보기로

했다. 글쓰기에 있어 가장 공들인 부분은 제목과 첫 문장이었다. 사람들이 제목에 이끌려 클릭하게 해야 하고, 첫 문장에 재미를 느껴서 끝까지 글을 읽게 해야 한다. 광고 카피 책을 읽으며 눈길을 사로잡는 글쓰기에 대해 공부했다. 다행히도 감이 좋았는지 내가 쓴 글은 다음 홈페이지에 꽤 많이 노출됐다. 내 글을 읽고 이승민 대표님이 이야기했다.

"장훈아, 너 글 진짜 맛깔나게 잘 쓰는데?"

이승민 대표님은 나에게 '경 대표님'을 소개해주었다. 경 대표님은 연매출을 300억 이상 내는 F&B 기업 대표였다. 경 대표님은 직원들에게 전달할 글을 다듬어줄 사람이 필요하다고 했다. 나는 무조건 한다고 했다. 경 대표님으로 빙의하여 글을 쓰려면 경 대표님을 알아야 한다고 주장했다. 이승민 대표님의 주선으로 셋이 만났고, 나는 취재를 빙자해 경 대표님에게 끊임없이 질문했다. 그분은 자신의 삶을 회고해주셨다.

경 대표님은 주부로 살다가 사십 대 중반에 사업을 시작했다. 치킨집 가맹점이 시작이었다. 장사가 잘 됐고, 치킨집 인근에 카페도 오픈했다. 가맹점을 운영하다 보니 자연스레 프랜차이즈 본사 운영을 꿈꾸게 됐다. 새로운 외식 브랜드를 창조하여 세상에 내놓았다. 여러 브랜드를 성공시켰고 지금은 프랜차이즈 본사 운영을 위한 시스템을 개발해서 판매하는 영역까지 사업을 확장했다. 여기까지 오는 데 15년이 걸렸다. 물론 그동안 성공가도만 달린 건 아니다. 뼈저린 실패도 극복해야 했다.

"대표님, 정말 대단하십니다. 본받고 싶네요. 저도 사업을 하고 싶습니다."

"안정적인 교사를 왜 그만두세요?"

"돈을 크게 벌어보고 싶습니다."

"그래요, 도전해보세요. 주부였던 나도 했는데요, 뭘. 우리 직원들한테도 늘 이야기해요. 잘 배우고 나가서 창업하라고. 내가 하면 당신들도 할 수 있는 거라고."

"네, 감사합니다."

"꿈을 크게 가지세요. 대표가 꾸는 꿈의 크기가 회사의 크기를 결정합니다."

경 대표님의 경력은 나에게 큰 용기를 주었다. 그분은 사십 대 중반에 시작했다. 나는 아직 삼십 대다. 도전해보자. 사업에 대한 마음을 굳혔다.

PART 4 사업을 시작하겠습니다

사업한다는 사위,
말리는 장인어른

 장인어른께 처음으로 교사를 그만두고 아버님 회사에서 일하고 싶다는 이야기를 꺼냈을 때였다.
 "아버님, 돈을 벌려면 결국 사업 아닌가요?"
 "사업한다고 돈을 번다는 보장은 없잖아."
 "그래도 제가 성실하니 지금 월급보다는 많이 벌 수 있지 않을까요?"
 "사업가는 직장인보다 얼마나 더 벌어야 된다고 생각해?"
 글쎄, 얼마나 더 벌어야 할까. 나름 높여서 불러봤다.
 "3배 정도 더 벌어야 할까요?"

"나는 20배 이상은 벌어야 된다고 생각해."

"20배요?"

"근데 밥값을 해야지. 20배를 벌려면 월급쟁이보다 20배는 더 치열하게 살아야 돼. 장훈이가 학교에서 10가지 고민을 한다면, 나는 회사에서 200가지 고민은 하고 있을 걸?"

'아….'

"월급쟁이보다 조금 더 버는 수준으로 벌 거면 뭐 하러 그 고생하며 사업을 하나? 그냥 안정적으로 월급 받고 사는 게 낫지. 망하는 사업가들이 부지런하지 않아서 망하는 게 아니야. 상공회 같은 곳에 가서 사장님들을 만나보면 다들 운이 좋아서 돈 벌었다고 이야기해. 아무리 훌륭한 연을 갖고 있다 한들, 바람이 불지 않으면 날리지 못하는 거야. 아니면 바람이 불지 않아도 연을 날릴 수 있을 만큼 죽어라 달리든가. 그런 불굴의 의지가 있어? 그래야만 하는 명분이 있어?"

선뜻 대답하기 어려웠다. 나에게 그런 불굴의 의지가 있나? 죽어라 달려야만 하는 명분이 있을까? 나는 한발 물러섰다.

이후 첫째 딸이 태어났다. 딸이 태어나기 전, 아내는 자신의 아빠가 손주를 어떻게 예뻐할지 도무지 상상이 되지 않는다고 했다. 이미 손주가 넷이나 있는 내 아버지의 과거 모습으로 유추해보면 장인어른께서는 손주를 따라 기어다니실 거라고 말해줬다. 아내는 "설마" 하며 믿지 못했다. 평생을 회사 일에 치여 바쁘게만 살아온 아빠였기에 손주 보는 걸 어색해하지 않을까 걱정했다.

역시나, 첫 손주를 본 할아버지는 다 똑같다. 장인어른께서는 내 예상대로 행동하셨다. 나와 아내는 처음 보는 장인어른의 모습에 효도 한 번 제대로 했다고 자찬했다. 부자 아빠는 손녀딸이라면 뭐든 오케이다. 손녀딸을 위한 것이라면 지갑이 활짝 열린다. 손녀딸이 집어드는 것은 무엇이든 가격표도 보지 않고 계산대로 가져가신다. 그런 장인어른을 보면서 부자가 되고 싶은 나의 갈망은 더욱더 깊고 선명해졌다. 이승민 대표님, 경 대표님과의 만남을 통해 용기도 얻었다.

사업하기로 마음을 굳힌 후 바로 퇴직하기보다는 육아휴직을 연장해서 준비 기간을 갖기로 했다. 둘째 아이 출산을 앞둔 아내의 출산휴가가 시작됐다. 우리는 집에서 함께 첫째 아이를 양육하면서 많은 대화를 나눴다. 교사로 살 때의 장점과 단점, 사업가로 살 때의 장점과 단점을 따져보았다. 아내는 내가 간절히 원한다면 사업을 해도 좋지만 사업을 하게 되었을 때 잃을 수 있는 것들도 생각해보라고 했다. 아내는 삶의 균형이 깨지는 걸 염려했다.

"교사로 살면 우리 아이들과 훨씬 더 많은 시간을 보낼 수 있지 않을까?"

"우리 선배 선생님들 보면 꼭 그렇지도 않아. 고등학교에서 연구부장, 교무부장 직책을 맡으면 밤 10시가 되도록 퇴근을 안 하셔. 게다가 8년이 지나면 다른 지역 학교로 발령 받을 수도 있고. 그럼 우리는 주말부부로 지내야 해."

내가 속한 학교 재단은 한 지역에서의 근무를 8년까지만 보장해줬다. 그 이후에는 타 지역으로 발령날 수 있다.

"사업을 하면 얻을 수 있는 게 뭘까?"

"사업에 성공하면 돈을 많이 벌잖아. 나도 아버님처럼 우리 손주들에게 든든한 할아버지가 되고 싶어."

"그건 나도 인정. 돈 벌려면 사업해야지."

"내가 인생에서 후회하는 게 딱 한 가지 있는데, 대학생 때 엄마의 성화에 못 이겨 배낭여행을 중도에 멈추고 돌아온 거야. 지금 마음을 접고 복직하면 나중에 두고두고 후회할 거 같아."

"어머니 말씀 안 듣고 계속 여행하다 객사했을 줄 누가 알아. 어머니께 감사해야지."

"뭐, 그럴 수도 있었겠네."

아내는 사업에 대한 남편의 갈망을 서서히 받아들였다. 장인어른께 육아 휴직 연장에 대해 말씀드렸다. 장인어른께서는 다른 꿍꿍이가 있음을 단번에 간파하셨다.

"결국 사업이 하고 싶은 거야?"

"네, 아버님."

"장훈이가 사업을 하는 명분이 뭐지?"

"명분이요?"

"더 깊이 고민해봐. 왜 사업을 하고 싶은지."

거참, 사업하기 참 힘들구만. 말보다는 글이 생각을 더 가지런히 전달할 수 있을 것 같아 글로 적기 시작했다. 왜 사업하고 싶은지 솔직한 내 마음을 진솔하게 적었다. 다음은 부자 아빠께 전달한 글의 일부다.

"왜 사업을 하려고 하느냐?"라는 질문은 "왜 높고 힘한 산을 오르려 하느냐?" 같이 들립니다.

산을 오르는 건 매우 번거로운 일입니다. 땀이 나고, 근육에 무리를 줍니다. 돌부리에 걸려 넘어지기도 하고 높이 오를수록 매서운 바람과 맞서야 합니다. 비나 눈이라도 내리면 미끄러져 다리가 부러질 수도 있겠지요. 그럼에도 산을 오르려고 하는 마음에는 가보지 않은 길에 대한 호기심, 더 높이 오르고자 하는 욕망, 마침내 정상에 올랐을 때 얻을 수 있는 희열에 대한 갈망 등이 뒤엉켜 있습니다.

산을 오르다 실패한 자의 비참함을 모르지 않습니다. 실패한 자의 가족이 감내해야 하는 고통을 저도 겪으며 자랐습니다. 1994년부터 1996년까지 더 작고 비루한 집으로 세 번이나 이사를 해야 했고, 우리 삼 남매는 사소한 것이라도 갖고 싶은 걸 갖고 싶다고 편안하게 이야기할 수 없었으며 모두 자기 힘으로 대학을 다녀야만 했습니다. 집에 찾아온 채권자들이 나간 후 눈물 흘리는 어머니의 모습을 평생

잊을 수도 없고요. 작은 아버지들에게도 빚이 있는 아버지 때문에 친척들 보기가 민망하여 명절이 가장 괴로운 날입니다. 어린 시절부터 어머니께, 누나들에게 귀에 못이 박히도록 들은 말이 "너는 사업하지 마라"입니다.

아주 운 좋게도 선이를 만나 제 인생이 그 어느 때보다 풍족하고 편안한 길에 들어섰습니다. 지금처럼 살면 어떻게 살 수 있을지 잘 그려집니다. 아버님께서 고생해서 따온 약초를 자식들과 나눠 먹으면서 오순도순 재밌게 잘 살 수 있겠지요. 기대했던 대로 암호화폐가 터지기라도 한다면 꽤나 풍족한 삶을 누릴지도 모릅니다.

그런데도 굳이, 모두가 반대하는 길로 들어서고 싶은 마음이 사그라지지 않습니다. 사업가의 책을 읽고 강연을 들으면 가슴이 뜁니다. 편안함보다는 살아있음을 느끼며 살고 싶습니다. 정상에 오르지 않으면 볼 수 없는 세상을 보고 싶고, 저의 아버지가 했던 실패를 뒤집고 빚도 다 갚아내고 싶습니다. 아버님께서 그러셨듯이 제 자식들, 손주들에게 더 풍성한 풍요

> 와 지혜를 물려주고 싶습니다.
> 　우려를 안겨드려 죄송합니다. 우려하시는 그 마음도 늘 잊지 않겠습니다.

글을 다 읽으신 장인어른께서는 소파에 기대어 말씀하시기 시작했다. 처음 보는 약한 모습이었다.

"장훈아, 그래 네가 사업을 잘해서 300억, 400억 벌었다고 치자. 근데 그게 어떤 의미가 있지? 사업의 대가는 혹독해. 건강을 잃을 수도 있고, 가족들과 보내는 시간을 희생해야 하고. 애들이 어떻게 커가는지도 모르고 정신 없이 살고 싶어? 결국 장훈이가 소신껏 결정할 일이지만, 나는 반대야."

부자 아빠는 나와 아내가 합심하여 아이를 잘 키우는 모습에 너무나도 흡족해하셨다. 나에게 종종 전화를 걸어 아내랑 딸이랑 행복하게 사는 모습이 참 보기 좋다고 이야기하셨다. 내가 부자 아빠를 보며 부자 되기를 갈망하던 시간 동안 어쩌면 부자 아빠는 나를 보며 자신이 놓친 평범한 아빠의 일상을 그리워했는지도 모른다. 늦은 밤까지 거래처 사람들의 비위를 맞추며 몸에 맞지도 않는 술을 마시느라 제 자식 목욕 한 번 직접 시켜주지 못한 시간들을 아쉬워했을지도 모른다. 부자 아빠도 결국 아빠였다.

장인어른께서는 반대 의사를 거듭 밝히셨지만 내 의지가 예전과 다르다는 걸 느끼셨다. 이번에는 딸에게 전화하기 시작하셨다.

"네가 장훈이를 말려라."

장모님도 나에게 전화해서 말씀하셨다.

"나는 배 서방이랑 선이가 지금처럼 사는 게 너무 보기 좋아."

장모님은 딸에게 전화해 몇 날 며칠 잠을 이루지 못하는 장인어른의 근황을 전하셨다. 어느 날, 장인어른께서는 일어나자마자 장모님께 말씀하셨다고 한다.

"아무래도 안 되겠어. 장훈이를 꼭 말려야겠어."

아내에게 이야기를 전해들은 내가 말했다.

"아버님께 확실하게 말씀드리고 올게."

나는 홀로 처가에 갔다. 아버님께 산에 오르자고 했다. 추운 겨울을 견딘 산은 봄 기운을 싹 틔우고 있었다. 우리는 길을 걸으며 이야기를 나눴다. 장인어른께서는 여전히 나에게 사업할 명분이 없다고 말씀하셨다. 가세가 기우는 집안을 일으켜야 하는 상황도 아니고, 직업이 없는 것도 아니고, 밥을 굶는 것도 아니고, 지독히 가난해서 엄청난 한이 있는 것도 아닌데 왜 사업을 하려고 하는지 이해하지 못하셨다. 당신이 너무 힘들게 사업을 하셨기에 자손들은 편하게 살길 바라셨다. 나는 아버님께 그동안 한 번도 하지 않았던 이야기를 꺼냈다.

2000년에
세상이 끝나는 줄로만 알았다

  1996년 겨울, 대전에 살던 우리 가족은 전북 정읍으로 이사했다. 당시 나는 초등학교 4학년생이었다.

  정읍井邑시 산내山內면. 정읍의 '정'이 '우물 정井' 자인 걸 보면 옛적부터 물이 많은 고장이었나 보다. 큰 강이 흐르지는 않지만 겨울만 되면 쏟아지는 눈의 적설량으로 보아 정읍의 땅은 물을 많이 품고 있을 것이고, 우물을 파는 게 어렵지 않았을 거다. 나는 부모님께서 나고 자란 삶의 터전이자 우리 삼 남매가 어린 시절을 고스란히 보낸 대전을 떠나 친인척 하나 없는 정읍까지 엄마, 누나들과 오게 되었다. 산내면은 이름 그대로 '산 속의 마을'이다. 우리 가족은 산내면 사람들도 '산골짝'이라 부르는 부락에 살았다.

처음 이사 갔을 당시에는 전기선도 연결되지 않았다. 산골짝 마을 이름은 '사적골'이었다. 사기그릇이 쌓여 있단 뜻이다. 실제로 땅을 파면 사기그릇 파편들이 나오기도 했는데, 사기그릇보다 뱀이 훨씬 더 자주 출몰해서 뱀 사ㄹ 자를 쓴 것이 아닐까 의심했다. 뱀이 쌓여 있는 마을, 겨울에 눈이 쏟아지면 오도 가도 못하는 오지 중의 오지. 우리 가족은 어쩌다 여기까지 오게 된 것일까? 산내면으로 이사를 온 건 엄마의 결단이었다.

엄마는 사 남매 중 둘째였다. 곱게 자란 건 아니지만 알뜰살뜰한 외할아버지, 외할머니 덕에 돈 걱정 없이 공부에 전념할 수 있었다. 엄마는 모범생이었고 책을 가까이했다. 대전에서 공부 가장 잘하는 여학생들이 모인다는 대전여중, 대전여고를 졸업했다. 엄마 말로는 서울에 있는 대학도 충분히 갈 수 있는 실력이었지만, 딸을 너무 멀리까지 보내기 싫었던 부모님 뜻에 따라 충남대학교 영문학과에 진학했다고 한다.

엄마의 대학 시절은 낭만적이었다. 영자 신문 기자로 활동했고 주한미군과 연애하기도 했다. 졸업 후 충남 부여군에서 영어 교사 생활을 시작했다. 아빠의 고등학교 절친이 엄마의 대학 선배였다. 그분의 주선으로 아빠, 엄마는 만났고 결혼했다. 결혼하고 2개월을 주말부부로 살다가 엄마가 교사를 그만두었고 아빠 회사가 있는 서울 강동구 명일동에 단칸방 신혼집을 차렸다.

엄마가 첫째 누나를 낳고 1년이 채 되지 않았을 때 할머니께서 갑작스레 돌아가셨다. 삼촌, 고모들은 출가 전이었다. 아빠는 집안을 건사한다는 이유로 대전과 가까운 청주에 있는 회사로 이직했다. 엄마는 대전에 있는 시댁에 살면서 시댁살이를 시작했다. 엄마는 기어 다니는 아기를 들쳐 업고 시댁 식구들을 위해 청소하고 밥하고 설거지했다.

할아버지는 성질이 대단한 분이셨고 아빠도 엄마에게 다정하지 않았다. 삼촌, 고모들은 서둘러 결혼해서 출가했고 아빠, 엄마는 큰누나를 데리고 단칸방 사글세를 얻었다. 아빠는 그즈음 회사 생활을 견디기 힘들었는지, 아니면 사업이 하고 싶었는지, 퇴직하고 사업을 시작하셨다. 이때부터 엄마의 삶에 눈물과 애통이 차오르기 시작했다.

사업에 필요한 돈을 구하는 건 주로 엄마 몫이었다. 아빠가 일을 하여 어찌어찌 빚을 갚고 생활을 해나갔지만 좀처럼 나아지지 않았다. 자식은 셋으로 늘었다. 늘 돈에 허덕였다. 엄마 삶에는 피난처가 필요했다. 나를 태 안에 품고 있던 시절부터 엄마는 양손에 두 딸의 손을 잡고 교회에 다녔다. 가난한 동네 언덕에 세워진 가난한 교회였다. 가난한 사람들은 첨탑만이 우뚝 솟은 가난한 교회에 모여 가난한 목사가 선포하는 말씀을 들었다.

"심령이 가난한 자는 복이 있나니 천국이 그들의 것임이요, 애통하는 자는 복이 있나니 그들이 위로를 받을 것임이요, 의를 위하여 박해를 받은 자는 복이 있나니 천국이 그들의 것임이라." (마태복음 5:3)

엄마는 복이 넘치는 여자였다. 눈물 없이는 기도할 수 없었고, 믿음 없이는 하루하루 견디기 어려웠다. 할아버지는 교회를 경멸하던 분이셨다. 엄마가 교회에 다닌 지 얼마되지 않아 할아버지로부터 전화가 왔다. 꿈을 꿨노라고, 당신이 며느리의 머리카락을 붙잡고 마구 흔드는 꿈을.

할아버지는 엄마가 교회 다닌다는 사실을 안 이후 엄마의 머리카락을 붙잡고 흔들지는 않았지만, 엄마를 노골적으로 미워했다. 나는 명절날 엄마가 눈물을 훔치며 할아버지 방에서 나오는 모습을 여러 번 봤다. 아빠도 엄마가 교회에 다닌다는 이유로 엄마와 부단히 갈등을 일으켰다. 할아버지와 아빠가 엄마를 못살게 굴수록 엄마의 신앙심은 더 두텁고 단단해져만 갔다. 엄마는 어느 누구보다 천국 가기에 충분한 자격을 갖춘 사람이었다.

엄마는 교회에서 듣는 설교 말씀으로는 갈급함이 채워지지 않았는지 교회에서 공식적으로 인정하지 않은 설교자들의 말씀 집회를 쫓아다니셨다. 설교자들은 곧 세상이 끝난다 주장했다. 그들은 시기를 점쳤다. 2000년이 되면 죄가 만연한 지구 역사에 종지부가 찍힐 거라 외쳤다. 그들은 부자를 가여워했다. 부자는 썩어 없어질 재물에 영혼을 판 사람이었다. 구원받으려면 재물에 대한 탐심을 버리고 사악함이 가득 찬 도시를 떠나라고 단언했다.

엄마는 신념이 강하고 강단 있는 사람이었다. 세상과의 단절을 선택한 것이다. 아빠를 도시에 남겨두고 1996년 중학생이던 첫째 누나, 초등학생이던 둘째 누나와 나를 데리고 전기도 들어오지 않는 산골짜기로 들어왔다. 세상이 곧 끝나는데 미래를 꿈꾸고 계획하는 건 헛된 일이었다.

그 흔한 청약 통장 하나 없었다. 출세를 위한 공부도 가치 없는 일이었다. 큰누나는 1등만 하는 우등생이었지만 고등학교에 진학하지 않았다. 초등학생이었던 나는 고등학생이 되기 전에 세상이 끝나는 줄로만 알았다.

그리고 2000년 12월 31일이 되었다. 세상이 끝났다던 그날은 평화롭게 지나갔다. 설교자들은 말을 바꿨다. 유예기간이라고. 여전히 지구는 곧 없어질 위태한 행성이었다. 둘째 누나가 고등학교에 가겠다고 고집 피우지 않았으면 나도 고등학교에 가지 못했을 거다. 고등학생이 되어 부랴부랴 공부하기 시작했다. 고등학교를 졸업했고, 대학에 입학했고, 군대에 입대했다.

대체 구원자는 언제 오는 건가. 나는 엄마가 씌워준 종말론적 세계관에 의문을 품기 시작했고, 부자 아빠를 만났다. 부자 아빠는 돈을 사랑한다 고백했다. 부자를 존경하라 조언했다. 미래를 꿈꾸고 성취하라 북돋았다. 나를 가두었던 단단한 알은 빠르게 금이 갔고 결국 깨졌다.

하늘만 쳐다보며 세상이 끝나길 기다렸던 시간들이 아쉬웠다. 아쉬웠다고 표현할 수밖에 없는 것이 아쉽다. 돌이킬 수 없는 시간은 나에게 한이다. 나는 성취 욕구가 강한 사람이었지만 억누르고 살았다. 어쩌겠는가, 앞으로 미래를 꿈꾸면서 살면 된다. 지체한 시간을 만회하기 위해 더 빠르게 달리면 된다. 사업을 통해 부를 일구고 세상에 없던 가치를 창출하면 된다.

"아버님, 제가 아버님 말씀에 순종하며 살고 싶었는데요. 이대로 멈추면 저 말라죽을 거 같아요."

장인어른께서는 한동안 말씀이 없다가 입을 떼셨다.

"말라죽을 것 같으면 해야지. 하지만 사업에는 고통이 따른다는 것도 잊지 마."

"네, 아버님."

"근데 길게 보면 고통은 축복이기도 해."

얼마간의 육아휴직 기간을 보내고 나는 퇴직을 결심했다. 퇴직 절차는 간단했다. 일신상의 이유로 퇴직한다고 사유를 적으면 그만이었다.

장인어른께도 퇴직에 대해 말씀드렸다.

"아버님, 이제 학교 퇴직하려고요."

"그래, 이제 부자 될 일만 남았네."

PART 4 사업을 시작하겠습니다

사업은
연꽃이다

 지난겨울 내내 차갑게 굳어 있던 텃밭을 밟는다. 무서우리만큼 무성하게 자랐던 초록의 흔적은 말라버린 죽음으로 여기저기 흩어져 있다. 부자 아빠와 나는 다시 봄을 맞이한다. 새 생명을 꽃피울 준비를 해야 한다. 메마른 죽음은 걷어내고 괭이로 땅을 뒤엎는다. 다소 역겨운 냄새를 풍기는 퇴비를 골고루 뿌려준다. 퇴비를 뿌리던 장인어른께서 말씀하신다.

"사업은 연꽃이야."

"연꽃이요?"

"연꽃은 진흙 구덩이 속에서 피어나잖아. 사업이 그래. 온갖 구정물 속에서 버텨내야 해. 합리적이고 상식적인 걸 따지면 사업하기 어렵지."

"네네."

"예전에 어떤 변호사랑 골프를 친 적이 있었어. 그 변호사는 부장판사까지 지냈다고 하더구먼. 후배가 같이 사업하자고 그랬나 봐. 나에게 묻더라고. 사업으로 성공하려면 어떻게 해야 하느냐고."

"그래서 뭐라고 대답하셨어요?"

"사람이길 포기하면 된다고 했지."

상식적이고 합리적인 사람이라면 양지 바른 땅에서 꽃을 피우길 원한다. 구정물에서 첨벙대며 꽃을 피우기 위해 애쓰는 건 사람다운 삶과는 거리가 있다.

"아버님께서는 사업해야겠다는 생각을 언제 하셨나요?"

"이십 대 때 시골 촌놈이 상경해서 할 수 있는 게 뭐 있나? 거창하게 회사 이름 짓고 사업을 시작했지. 여러 사업을 했어. 다 쫄딱 망했지. 그러다 지금 회사에 들어가게 된 거야."

"아, 사업을 하셨다가 직장인이 되신 거네요?"

"이 회사를 키워야겠다고 생각하고 불도저처럼 일했지."

"사장이 아니라 직원이었는데, 그렇게까지 일할 수 있었던 동력이 뭐였을까요?"

"글쎄, 망했지만 사업을 했던 경험 때문인지 사장의 마음을 잘 이해했던 것 같아."

"그 당시 회사 사장님은 진짜 신나셨겠네요? 아버님 같은 직원이 있어서."

"그랬지. 사장이 될 거라 생각하고 일했던 건 아닌데 결국 내가 인수하게 되었지."

"아, 회사를 인수하셨던 거예요?"

"그 당시 사장님이 부도를 냈어. 나한테 회사를 인수하라고 제안하셨지. 내가 인수하고 여기까지 온 거야."

"인수할 자금이 있으셨나 봐요?"

"투자를 받고 대출을 받았지. 사업은 기본적으로 대출로 굴러가. 대출을 갚지 못하면 부도나는 거지. 사장은 잠자는 동안에도 돈을 어디서 구해와야 하는지 고민해. 사업은 돈 빌리고, 돈 갚는 과정의 끝없는 반복이야. 이 과정이 너무 피 말리는 일이라 장훈이가 사업한다는 걸 반대한 거야."

"빚지지 않고 작게 시작할 수도 있지 않을까요?"

"물론 빚지지 않고 장사 수준으로 사업할 수도 있지. 직원을 하나둘 더 고용하면서 규모를 키워 나가면 빚을 질 수밖에 없어. 그래서 사업은 멈출 수가 없는 거야."

주부로 살다가 연 매출 300억의 F&B 회사를 일군 경 대표님도 말씀하셨다. 자신은 자전거를 타고 있다고. 그의 자전거 뒷자리에는 직원들, 가맹점주들이 가득 타고 있다. 페달을 멈추면 넘어진다. 넘어지지 않기 위해 페달을 계속 밟는다.

"많은 회사가 부도로 끝을 맺지. 부도 내지 않고 끝내려면 연착륙이 필요해. 장훈이가 30년을 사업한다고 치면 마지막 10년은 서서히 불을 꺼가는 과정이어야 하는 거야."

"네네."

"거의 모든 회사가 소기업에서 중소기업, 중견기업, 대기업으로 성장하길 바라지만 소기업으로 끝까지 살아남는 것도 어려운 일이야."

"그렇군요."

대학생 때 사업가들의 자서전을 읽으며 꿈을 키우던 시

절이 있었다. 당시 동경했던 여러 사업가들은 시간이 흘러 비극적인 끝을 맞았다. 가장 찬란할 때 쓰인 그들의 자서전에서는 도무지 상상하기 어려웠던 결말이다. 끝까지 무너지지 않고 버틴다는 건 분명 지독히도 어려운 일이다.

"회사에 일을 주는 원청업체와는 어떻게 관계를 맺어가신 거예요?"

"정말 어려운 일이야. 사원일 때 어떤 대기업을 열다섯 번이나 찾아갔는데 우리 회사 제품을 소개할 기회조차 얻지 못했지. 그 사람들도 바빠. 실적을 내야 하는 직원인 거야."

"그러네요."

"끊임없이 방문하고 연락하면서 관계를 맺어나가야 해. 그다음 당신이 실적을 내는 데 내가 도움을 줄 수 있을 거라고 설득해야 하지."

"아하."

"내가 당신의 실적에 도움이 될 거라는 믿음을 주려면 알래스카에 가서 냉장고를 팔 정도로 자기 제품에 대한 강한 확신을 보여줘야 돼."

"손해 보는 거래에서는 어떻게 하시나요?"

"거래에서 돈보다는 사람을 먼저 보지. 거래하는 상대의 마음을 얻기 위해서는 때론 손해도 감수하는 거야. 하지만 그런 상황에서도 자신의 가치를 깎아내리는 말은 절대 해서는 안 돼."

"자신의 가치를 깎아내리는 말에는 어떤 것이 있나요?"

"비용은 어떻게 하면 될까요, 하고 물으면 알아서 해달라는 사람이 있어. 손해를 자처하는 거지. 이러면 호구 되기 십상이야."

"그렇군요."

"사업하기로 마음먹었다면 진흙탕 속에서도 아름답게 꽃을 피워 봐."

"네, 아버님."

부자 아빠와 나는 퇴비를 뿌리고 흙을 뒤엎고 비닐을 씌운다. 도무지 끝나지 않을 것만 같았던 차가운 겨울이 지나고 따스한 봄이 다가온다. 우리는 새로운 모종을 심을 준비를 마친다. 이제 이 땅은 다시 초록으로, 열매로 무성하리라.

아이스크림 가게 사장이 된 배 선생

어떤 사업을 시작할 것인가. 나는 이승민 대표님의 사업 문하생이 되었다.

"장훈아, 그래서 너는 어떤 사업을 하고 싶어?"

"저는 경 대표님처럼 프랜차이즈 가맹점 운영으로 시작해보고 싶어요."

형님은 일전에 나에게 온라인 사업으로 작게 시작해보라고 했지만, 나는 온라인 사업보다 오프라인 사업이 성향에 더 맞았다.

"그래? 너 김 사장이라고 기억나? 김 사장이 요즘 요…

뭐더라 무슨 요거트 아이스크림 가맹점을 운영한다던데. 장사가 잘 되나 봐. 김 사장한테 한번 가볼래? 나한테도 가게 하나 인수 제안했었거든."

"네, 바로 가볼게요."

김 사장님은 스물두 살이었다. 1년 전 애드리절트에서 처음 만났다. 애드리절트에서는 온라인 마케팅 교육을 했는데, 김 사장님은 교육생이었다. 이승민 대표님은 연말 교육생 모임에 나를 초대해줬다. 모두 사업가였고 나만 사업가 지망생이었다. 현직 의사와 약사도 있었다. 대다수 내 또래거나 나보다 나이가 많았기에 유독 김 사장님이 어려 보였다. 그는 대학생이면서 사업가였다. 스터디카페를 창업했다가 권리금을 받고 양도했으며 정부지원사업도 진행 중이었다. 김 사장님은 창업을 무슨 운동화 사는 것처럼 쉽게 이야기했다.

2024년 여름, 김 사장님은 요거트 아이스크림의 가맹점 세 개를 운영 중이었다. 거기서 그치지 않고 공격적으로 추가 오픈을 준비했다. 우리는 김 사장님이 운영하는 매장에서 만났다. 미팅 중에도 배달 플랫폼을 통한 주문 알림이 끊임없이 울렸다. 김 사장님은 내게 이 매장을 인수해보지 않겠느냐고 제안했다. 월 매출이 1억을 훌쩍 넘는 매장이었다.

"이승민 대표님도 요식업 창업에 관심 많던데 두 분이 같이 인수해서 운영해보시는 건 어때요? 조리가 간단해서 요식업 처음 하는 분들도 어렵지 않게 시작할 수 있어요."

이렇게 장사가 잘 되는 매장을 양도하겠다니. 김 사장님은 1억 넘는 금액이 왔다 갔다 하는 매장 양도양수를 운동화 중고 거래하듯 간단하게 이야기했다. 내가 학교에서 가르쳤던 학생들보다도 어린 나이인데 사업 경험과 배포는 나를 압도했다. 나는 초기 세팅부터 시작하고 싶었기에 신규 매장 오픈 과정에 대해 상세히 물어보았다. 김 사장님은 성심껏 알려주었다.

집에 돌아와 아내와 상의했다. 첫 사업 아이템으로 아이스크림 가맹점이 어떨까. 사실 내게는 오래전부터 만들고 싶은 F&B 브랜드가 있었다. 허나 브랜드를 바로 개발하기에는 경험이 전무했다. 가맹점부터 시작해 차근차근 경험을 쌓아보면 어떨까. 아내도 동의했다.

매일 밤 아이들을 재워놓고 아이스크림을 배달시켜 먹어봤다. 매일 먹어도 맛있었다. 이 브랜드는 요거트 아이스크림 위에 생과일을 올리는 건강한 디저트를 표방했다. 고객이 원하는 토핑을 골라 담는 커스터마이징 주문 방식이 특징이었다.

브랜드의 생명력은 어떨까. 우리나라 프랜차이즈 브랜드의 평균 수명은 4년이 채 안 된다. 특히나 디저트 유행은 급변한다. 이번 여름에는 토핑을 골라 먹는 요거트 아이스크림이 핫했지만 다음 여름에는 소리 소문 없이 녹아내릴 수도 있다. 아내가 말했다.

"나는 이거 계속 먹고 싶을 거 같아."

"그래?"

카피캣 브랜드의 아이스크림도 주문해서 먹어보았다. 원조가 가장 맛있고 브랜드 디자인도 제일 세련됐다.

"이걸로 시작해보자."

이승민 대표님께 창업을 해보고 싶다는 의사를 전달했고, 형님은 투자자를 모아주셨다.

"추석 연휴 전에 오픈하는 걸 목표로 진행해봐."

추석 연휴는 9월 14일에 시작된다. 45일 남았다. 가맹점 홈페이지 모집 안내 배너에 접속해 내 연락처를 남겼지만 언제 연락이 올지 알 수 없었다. 상담 문의가 폭주하는지 본사 전화번호를 홈페이지에서 확인할 수 없었다. 주소는 있었다.

성수에 위치한 본사를 무작정 찾아갔다. 본사는 어지러웠다. 지하 창고 같은 사무실에 그래놀라 박스는 잔뜩 쌓여 있었고, 직원들은 통화하느라 정신이 없었다. 전화 받는 중에도 전화 벨소리가 계속 울렸다. 한참을 기다린 후에 점포개발팀 직원과 이야기할 수 있었다. 창업비용, 교육 내용, 계약 조건 등에 대한 설명을 들었다.

"가장 빠르게 진행하면 언제쯤 오픈할 수 있을까요?"

"지금 일정으로 봐서는 11월은 되어야 가능하겠는데요."

"11월이요? 저희는 추석 전에 오픈하고 싶습니다."

"가맹점이 빠르게 늘어나고 있어서 시간이 많이 걸립니다. 아직 상권도 정해지지 않으셨잖아요."

여름은 영원하지 않다. 하루라도 빨리 오픈해서 매출을 올려야 한다. 시간은 말 그대로 돈이었다. 휴대폰 지도 앱을 켜서 아직 가맹점 깃발이 꽂히지 않은 곳을 둘러봤다. 익숙한 상권부터 헤집었다. 온라인에는 유익한 정보가 넘쳤다. 밤에는 무료로 제공되는 상권 분석 강의를 들으며 상권과 상가 보는 안목을 키웠고, 낮에는 적절한 상권과 상가를 찾아다녔다.

  후보지를 세 군데로 추렸다. 후보지를 오전 시간, 점심 시간, 저녁 시간에 모두 방문해보면서 관찰했다. 장단점을 분석하여 투자자들과 공유하고 함께 후보지를 돌아다녔다. 그중 한 군데로 의견이 모였는데 문제가 생겼다. 본사에 전화해보니 이미 누군가 찜한 것이다. 우리가 한발짝 늦었다. 다른 후보지 두 곳도 마찬가지였다. 허탈한 마음으로 강남구 모 동네에서 투자자들과 저녁 식사를 했다. 투자자 중 한 명이 이야기했다.

"이 동네는 어때요?"
"너무 조용하지 않아요?"
"여기 상권이 은근히 괜찮아요."

  은근히가 아닌 대놓고 괜찮은 상권에서 오픈하고 싶었지만 완벽한 곳을 찾다 보면 평생 오픈을 못할지도 모른다. 우리는 식사를 마치고 바로 부동산을 방문했다. 비어 있는 상가를 몇 군데 살펴보고 10평짜리 아담한 상가 하나를 낙점했다.

  본사와 계약하고 인테리어를 진행했다. 주방과 홀 설계가 필요했다. 설계를 어떻게 하느냐에 따라 매출과 인건비가 달라진다. 테이블을 하나라도 더 놓아야 홀 매출이 늘어나고, 주방 인력 동선이 최소화되도록 주방집기를 배치해야 인건비가 줄어듦을 그간 방문했던 다른 매장들을 관찰하면서 배웠다.

고민에 고민을 거듭한 끝에 지금까지는 없던 설계도가 나왔다. 테이블을 무려 8개 배치했다. 같은 브랜드 가맹점 중 평수 대비 테이블 수가 가장 많을 거라 장담한다. 주방도 효율적으로 설계해서 동선이 최소화되도록 했다. 인테리어가 진행되는 동안 타 지역 가맹점에서 돈을 받지 않고 일을 하며 매장 운영을 익혔다.

인테리어는 추석 전에 끝났지만 본사 교육 일정을 앞당기는 건 불가능했다. 오픈 일정을 추석 이후로 미뤄야 했다. 본사에서의 교육 다음 날을 오픈 디데이로 정했다. 직원 구성도 끝냈다. 교육을 받고 영업에 필요한 물품만 도착하면 된다.

그런데 문제가 생겼다. 본사에서 공급할 수 있는 벌집꿀이 충분치 않다는 것이다. 2024년 여름, 요거트 아이스크림 매장들의 성업으로 전국적으로 벌집꿀이 동났다. 벌집꿀을 확보한 매장과 확보하지 못한 매장의 매출 차이는 엄청났다. 벌집꿀을 구해야만 한다.

 양봉업자를 알만한 지인들에게 전화를 돌렸다. 소개를 받은 양봉업자에게 전화했지만 매번 허탕이었다. 인터넷에 정보를 공개한 양봉업체에 전화를 돌렸다. 번호를 소개받고, 소개받고, 또 소개받았다. 강원도 평창을 가고, 충남 홍성을 가고, 충북 괴산에 갔다. 마음에 드는 물건이 없었다. 양질의 벌집꿀을 구하기 위해 철책선 넘어 이북이라도 갈 기세였다.

 수많은 통화 끝에 전남 보성군에 위치한 양봉 농가와 연락이 닿았다. 그 농가는 벌집꿀을 꽤 많이 보유하고 있었다. 주소를 받고 보니 친구의 고향이다. 친구에게 연락하여 농가 어르신에 대해 여쭤보았다. 아주 까다로운 분이란다. 느낌이 좋다. 까다로운 분이라면 일도 까다롭게 하시리라. 바로 내려가서 물건을 확인했다. 지금까지 봤던 그 어떤 벌집꿀보다도 영롱하고 맛이 좋았다. 벌집꿀 100통을 내 차에 옮겨 담았다. 360킬로그램이 더해진 내 차는 무거워졌지만 마음은 한결 가벼워졌다.

 가게 오픈 전 교육을 받기 위해 본사에 갔다. 본사는 완전히 달라졌다. 사무실은 지하 1층에서 지상 17층으로 뛰어올랐고 직원 수도 대폭 늘었다. 짧은 시간 동안 폭발적으로 성장했다는 것이 느껴졌다. 매장 개업 전날 모든 직원을 모아 교육했다. 아르바이트생을 포함한 직원은 십 대부터 오십 대까지 연령대가 다양했다. 나는 말할 것도 없고 직원들도 모두 상기되었다.

다음 날 정오부터 홀 주문을 시작했다. 결과는 어땠을까. 고객이 쏟아져 들어왔다. 나를 제외한 모든 직원들은 카페 근무 경력자였다. 다들 요거트 아이스크림 매장은 처음이었지만 노련했다. 6일 동안 배달 주문은 받지 않고 홀 주문만 받았는데 1,200만 원이 넘는 매출을 올렸다.

10월부터는 배달 주문도 받았다. 10월 매출이 8,800만 원이었다. 뜨거운 여름 성수기 동안, 월 매출 1억이 넘는 가맹점이 부지기수라 자랑할 만한 성적표는 아니었지만 더위가 한풀 꺾인 10월이었고, 대학가도 역세권도 아닌 상권에서의 신규 매장 치고는 화려한 데뷔였다. 원 없이 달린 75일이었다.

허나 영원한 건 없다. 시간이 지나면서 매출도 감소했다. 날은 추워지고 '오픈발'은 서서히 새어나갔다. 초기 성적표에는 거품이 많았다. 거품이 가라앉은 후에야 비로소 진짜 맛을 알 수 있다. 화려한 데뷔보다 오래 살아남는 것이 훨씬 어렵다.

아이스크림 가맹점을 운영하면서 외식업 프랜차이즈 매장을 방문할 때마다 여기 점주는 얼마나 오래 운영했는지 궁금해졌다. 딸 아이와 집 근처 프랜차이즈 베이커리에 갔을 때였다. 이십 대 후반으로 보이는 젊은 분이 점주 같았다.

"점주님이신가요?"

"아, 제가 아니라 저희 어머니께서 점주세요."

"여기 매장 운영하신 지는 얼마나 되셨나요?"

"23년인가…"

"아, 2023년부터 운영하신 거예요?"

"아뇨, 운영한 지 23년 됐어요. 제가 꼬마 때부터 어머니께서 운영하신 거예요."

"23년을 운영하셨다고요? 정말 대단하시네요."

23년 동안 장사가 항상 잘 되었을까. 절대 그럴 리 없다. 이 동네에는 무수히 많은 베이커리가 나타났다 사라졌다. 새로운 베이커리가 등장할 때마다 매출이 쪼그라들었을 것이다. 외식업 프랜차이즈 사업은 경쟁이 치열하다 못해

파멸적이다. 프랜차이즈 가맹점으로 23년간 영업했다는 건 정말 대단한 일이다. 물론 상가주라면 임대료 부담이 없겠다만, 그걸 감안하더라도 23년 이상 지속하는 브랜드를 선택하고 영업을 유지했다는 건 자영업 고수임이 틀림없다.

아이스크림 가맹점을 오픈한 후 매출 성적표가 화려할 때 신속히 양도해야 하나 싶었다. 유행은 빠르게 변한다. 우리 매장은 식약처에서 인증하는 음식점 위생 등급에서 '매우 우수' 판정을 받을 만큼 위생 관리를 철저히 하고 있지만 나와 전혀 관계없는 매장에서 문제를 일으켜 이슈가 되면 프랜차이즈 특성상 다같이 어려워진다.

매출이 잘 나올 때, 브랜드에 대한 반응이 뜨거울 때 출구를 찾아 나오는 게 현명해 보였다. 양수 의사를 밝힌 사람도 있었다. 고민했지만 사계절을 모두 지내봐야 한다고 생각했다. 현재 나는 하수 중의 하수지만 어려운 시간을 견디는 것도 배우면서 고수로 성장하지 않을까 기대해본다.

이제 막 사업가로서 걸음마를 뗐다. 10평짜리 아담한 아이스크림 가게를 운영하면서도 수없이 넘어질 거다. 그러나 어김없이 일어나면 된다. 시간과 경험은 나를 성장시키고 내가 품을 수 있는 사업의 면적은 차츰 커질 것이다. 시작은 미약하였으나 그 끝은 창대하리라.

618번의 월급을 받은
최장수 CEO

명검名劍은 어떻게 만들어질까? 대장장이는 1,000도가 넘는 화로에 금속을 달군다. 망치로 금속을 두드리며 접고 펴는 과정을 반복한다. 인고의 시간이 쌓여감에 따라 금속 덩어리에는 수백, 수천 겹의 층이 생긴다. 대장장이가 오랜 시간 흘린 땀방울이 모여 강인한 명검이 탄생한다.

아이스크림 가게 창업 이후 앞으로의 방향에 대한 고민이 시작됐다. 프랜차이즈 가맹점 창업은 접근이 쉬웠다. 평생 학교만 다녀온 내가 창업했을 정도다. 내가 접근하기 쉬우면 다른 사람도 접근하기 쉽다. 영업이 잘되면 금세 경쟁자가 생기기 마련이다. 가맹점들이 오래 살아남기 어려운 이유다. 오래 살아남기 위해서는 진입장벽이 높은 일을 해야 한다. 장인어른께 고민을 털어놓았다.

"아버님, 지금은 장사가 잘되는 편이지만 진입장벽이 워낙 낮다 보니 얼마나 오래갈 수 있을지 의문입니다."

"물을 얻기 위해서 우물을 파는데, 3미터만 파보니 물이 나왔다고 해봐. 당장에는 좋겠지만 길게 보면 그 사람에게 결코 좋은 일이 아니야. 가뭄이 오면 금방 밑이 드러나지. 그럼 또 여기저기 기웃거리며 다른 곳에 가서 3미터 파보겠지. 그런 사람에게 무슨 내공이 쌓이겠나. 그런 측면에서 진입장벽이 낮은 일보다는 진입장벽이 높은 일을 해야 오래 살아남을 수 있는 거야. 오랜 시간 인내하며 20미터 이상 땅을 판 사람은 마르지 않는 샘물을 얻게 되지. 빠른 성취를 좇기보다는 인내하며 몰입하는 과정이 필요해."

몇 주 뒤, 장인어른께서는 나에게 신문 기사 하나를 주셨다. '월급쟁이 소리 싫어 오너처럼 일했다. 78세까지 월급 618번'이라는 제목의 기사였다. 기사의 주인공은 2025년 4월에 은퇴한 이영관 전 도레이첨단소재 회장님이다. 1947년에 태어난 그는 1973년 제일합섬에 입사해 52년을 근무했다. 그간 회사 간판은 세 번이나 바뀌었지만 그는 회사를 떠나지 않았다. 52년 중 26년을 최고경영자로 활약했다.

초급 간부 시절 회사에서 해결해야 할 중요한 문제가 있었다. 2년 6개월가량의 시간 동안 2~3일에 한 번 옷만 갈아입기 위해 집에 갈 정도로 일했다. 1988년 서울 올림픽이 있던 해였는데, 올림픽이 열리는지도 모를 정도로 일에 몰입했다고 한다. 월급쟁이였지만 마음은 언제나 오너였다. 동기들에 비해 차장, 부장 승진이 느린 편이었지만 회사를 떠나지 않았다. 주인의식을 갖고 인내하며 깊이 땅을 판 결과, 70세가 넘어도 회사가 놓아주지 않는 최장수 CEO가 되었다. 그는 월급을 무려 618번이나 받았다. 장인어른께서 말씀하셨다.

"포플러나무는 빨리 자라. 대신 강도가 약해서 금방 쓰고 버리는 이쑤시개를 만드는 데 사용되지. 반면에 박달나무는 답답할 정도로 느리게 성장하지만 매우 단단해서 오래오래 쓰이는 악기나 홍두깨 같은 것들을 만드는 데 쓰이는 거야. 조급해하지 말고 깊이 파. 장훈이가 몰입한 만큼 진입장벽도 높아지는 거야."

"네네."

"사업하기로 선택한 이상, 장훈이는 지금보다 훨씬 더 몰입해야 해. 이영관 회장님은 2~3일에 한 번 집에 갈 정도로 일했다고 하시잖아. 가정에서 가족들과 시간을 많이 보내면서 사업에서도 성과를 내겠다는 건 말이 안 되는 소리야. 목표를 낮추든지, 지금보다 훨씬 더 몰입하든지 해야지."

교사로 근무하던 시절, 학생들과 대학 입시 상담을 하면서 내가 정말 많이 했던 말이다. "목표를 낮추든지, 지금보다 훨씬 더 몰입하든지." 장인어른께서는 정곡을 찌르셨다. 나는 아이스크림 가게의 작은 성취에 취해 다소 느슨해져 있었다.

"장훈이는 앞으로 50년 이상은 더 살아야 해. 50년 동안 쓰러지지 않는 일을 일궈내봐. 망망대해를 떠나는 거대한 배는 출항하기 전 평형수선박의 무게중심을 잡기 위해 배 안에 채워 넣는 물를 넣는 시간도 오래 걸리는 거야."

장인어른의 말씀을 깊이 새기기로 했다. 거푸집으로 쉽고 빠르게 찍어내는 칼은 금방 부러진다. 대장장이의 망치로 두들겨 맞고 또 두들겨 맞는 칼은 부러지지 않는 명검이 된다. 나는 더 몰입해야 한다. 나는 더 많이 두들겨 맞아야 한다.

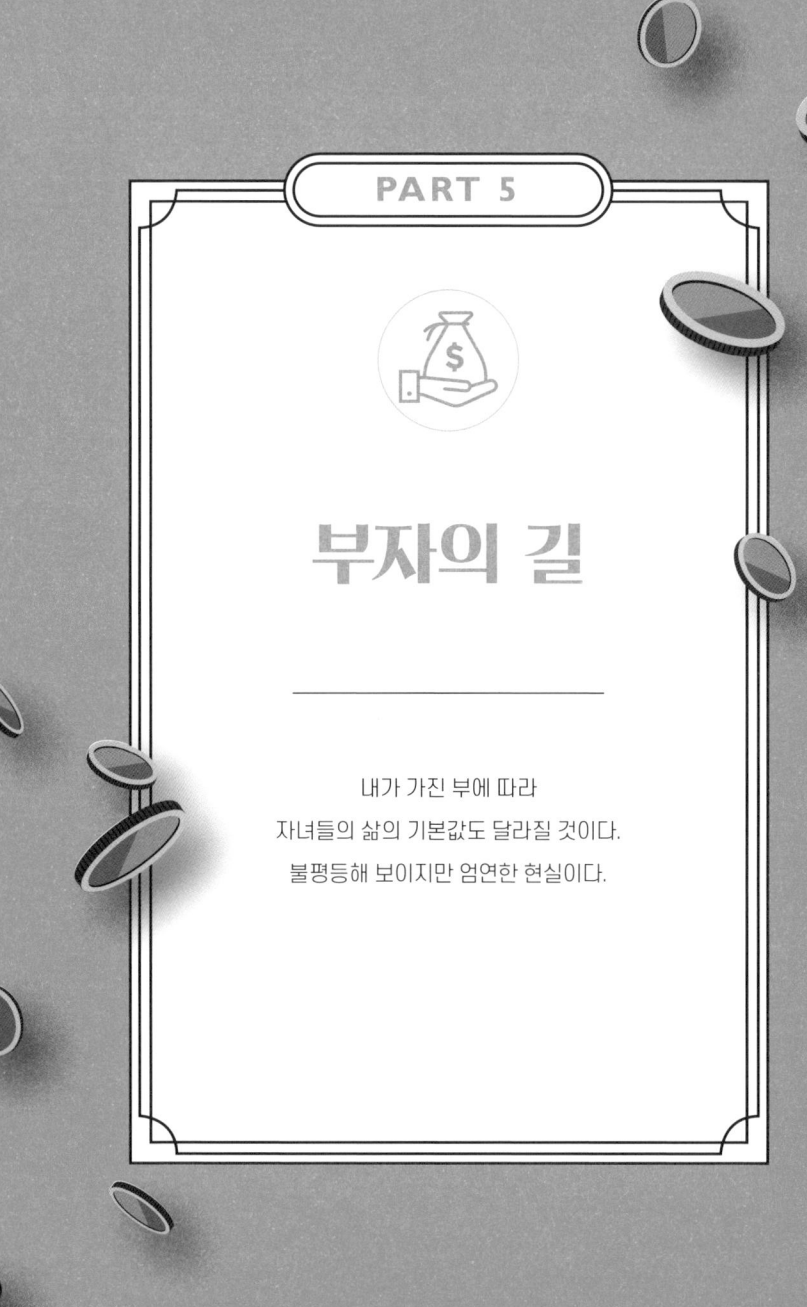

PART 5

부자의 길

내가 가진 부에 따라
자녀들의 삶의 기본값도 달라질 것이다.
불평등해 보이지만 엄연한 현실이다.

120세까지 살겠다는 장인어른

"아빠 술, 담배 좀 줄이면 어떨까요?"

내가 스무 살이 되던 해, 용기 내어 아버지께 말씀드렸다. 건강을 위해 술, 담배를 좀 줄이는 게 어떻겠냐고. 상남자 아버지께서는 대답하셨지. 술, 담배 맘껏 하다가 죽을 거라고. 장수 집안의 장남답게 아버지는 그때까지 아파본 적이 없었다.

2년 뒤 군 복무 중 아버지께서 입원했다는 소식을 듣게 되었다. 폐에 문제가 생겨 데굴데굴 구를 정도로 아프셨단다. 아버지는 그 일 이후 40년 가까이 동행했던 담배와 마침내 이별했다.

어느 날, 장인어른께서 책을 한 권 주셨다. 명상가 이승헌 총장의 《나는 120살까지 살기로 했다》, 책 제목을 보니 한 80세쯤에 읽어보면 되겠다고 생각했다. 책장에 잘 모셔두고 있다. 책을 건넨 장인어른께서 말씀하신다.

"장훈아, 삶이 긍정적으로 흘러갈 거란 믿음을 갖고 살아야 해. 건강하게 살고, 부자로 살겠다는 방향성이 있어야 인생이 그쪽으로 흘러가는 거야. 사업할 때도, 투자할 때도 늘 나아질 거란 자기 확신이 있어야지. 그래야 사업과 투자에서 혹한기가 찾아와도 발 뻗고 잘 수 있는 거야."

"네네."

"에이지 슈터 age shooter 라는 말 들어봤어?"

"아니요."

"자기 나이 이하의 골프 스코어를 내는 사람을 뜻하는 말이야."

"아하."

"72세면 72타 이하의 성적을 내는 거지."

"오우."

"굉장한 실력인 거야. 에이지 슈터가 되려면 끊임없이 건강 관리를 해야 하고, 라운드에 동행할 친구들이 있어야 하고, 라운드 비용을 감당할 경제적 능력이 있어야지."

"그렇네요."

"나는 에이지 슈터가 될 거야."

"아버님은 에이지 슈터가 되실 것 같습니다."

"결코 쉬운 일이 아니야. 인생 계획서를 끊임없이 검토하고 수정하면서 10년 뒤, 20년 뒤, 30년 뒤에 어떤 모습일지 그려야 해. 100세가 되어도 여전히 골프를 치면서 살 수 있으면 얼마나 좋을까? 100타 이하로 성적을 내면서 말이야."

"네, 아버님. 100세 되시면 기념으로 가족 다 같이 라운드 가시죠."

첫째 아이의 주 양육자로서 육아휴직 중일 때다. 우리 아이는 어린이집을 다니지 않기에 정해진 기상 시간이 없었다. 아침 8시에만 기상해도 미라클 모닝일 지경이었다. 아침에 일어나 휴대폰을 보니 부재중 전화가 찍혀 있다. 장인어른이셨다. 목소리에 덕지덕지 묻어 있는 잠의 흔적을 재빠르게 지우고 전화했다.

"아버님, 전화하셨네요?"

"어, 아침 먹었어?"

장인어른의 목소리가 유난히 밝다.

"이제 먹으려고요."

"윤이 데리고 산책할 겸 도서관 가서 오늘 자(2024년 3월 18일) 한국경제신문 좀 읽어봐. 건강, 사업, 코인 관련해서 참고하면 아주 좋은 기사들이 있네."

"네, 아버님."

그날은 월요일이었다. 집 근처 도서관은 휴관이다. 예전에는 버스 터미널에 가면 종이 신문이 많았는데, 지금도 팔려나. 터미널에 입점한 편의점에 전화해보니 신문을 파는 곳이 없단다. 하긴 요즘 누가 종이 신문을 사서 읽을까. 인터넷으로도 구매해서 볼 수 있었지만 반드시 종이 신문을 구해야겠다는 이상한 오기가 발동했다. 결국 한국경제신문 고객센터에 전화해서 택배로 받아보게 됐다.

부자 아빠를 흥분시킨 기사는 무엇이었을까. 신문 1면에 답이 나온다. 기사의 제목은 이랬다. "'역노화 혁명' 20대 신체로 평생 산다."

항노화를 넘어선 역노화에 대한 연구가 특집으로 게재되었다. 120세까지 사는 게 점차 평범한 일이 될 것이며

150세 시대도 올 수 있단다. 게다가 생체 시계를 되돌리는 연구마저 진행 중이다. 단순히 오래 사는 것이 아니라 세월의 흔적으로 망가진 세포를 젊고 건강한 세포로 되돌릴 수 있다는 것. 영화 〈벤자민 버튼의 시간은 거꾸로 간다〉가 어쩌면 현실이 될지도 모른다.

120세까지 살고자 하는 장인어른께는 그 무엇보다 반가운 소식이리라. 역노화 연구가 성공적으로 진행된다면 100세에도 가뿐히 에이지 슈터가 될 수 있을 터. 희망회로를 풀가동하여 상상해본다.

2057년, 부자 아빠가 100세를 맞이한 기념으로 가족 모두 골프백을 든다. 세상에서 가장 아름다운 골프장으로 손꼽히는 스코틀랜드의 세인트 앤드류스 골프장으로 떠난다. 넉넉히 100타 이하의 성적으로 라운드를 마친 부자 아빠에게 축하를 보낸다.

일본의 전설적인 경영가 이나모리 가즈오는 그의 책 《어떻게 살아야 하는가》에서 풍요로운 인생을 위한 방정식을 다음과 같이 소개한다.

> 인생과 일의 결과 = 사고방식 × 열의 × 능력

　이나모리 가즈오는 세 가지 항목 중 '사고방식'이 가장 중요하다고 말한다. 열의와 능력은 0에서부터 시작하지만 사고방식은 마이너스가 가능하다. 사고방식이 방향성을 결정하는 것이다. 아무리 능력이 출중하고 열의가 충분하다 한들 부정적이고 비뚤어진 사고방식을 갖고 있으면 결코 만족스러운 삶을 살아갈 수 없다고 설파한다. 더 건강하고 더 풍요로운 삶을 살고자 한다면 긍정적 사고방식을 가져야 할 터다.

　부는 누구에게 흘러갈까? 한국전쟁으로 폐허가 된 땅에서 기적을 꿈꾼 기업가에게 흘러갔다. IMF 외환위기로 주가가 바닥을 치고 아파트 가격이 고꾸라질 때, 한국 경제의 회복 가능성을 희망적으로 점친 투자자에게 흘러갔다. 부는 오늘도 10년, 20년, 30년 뒤의 자신의 삶을, 세상의 운명을 긍정적으로 그리며 개척하는 누군가에게 흘러갈 것이다.

내일이 두렵다는
부자 아빠

2017년, 가상자산에 투자하고 얼마 지나지 않았을 때였다.

"돈 벌면 뭐하고 싶어?"

"글쎄요."

부자 아빠는 가상자산으로 돈을 벌게 된다면 무얼 하고 싶은지 물으셨다. "글쎄요"라고 싱겁게 대답했지만 나름의 소망은 있었다. 코인 가격이 오를 때마다 이런 상상을 하곤 했다. 100평 정도의 대지를 사서 예쁜 단독 주택을 지으리라. 그 공간에서 사랑하는 가족들과 봄, 여름, 가을, 겨울을 온몸으로 느끼며 살아가리라. 자녀들이 세계 여러 나라에 관한 책을 읽다가 "아빠, 여기 가보고 싶어요" 하면 "그래? 짐싸!"라고 말할 수 있을 정도의 경제적, 시간적 자유를 누리리라.

이런 바람은 결국 나의 결핍에서 비롯된 것이다. 어린 시절부터 늘 좁은 집에서 누나들과 부대끼며 살아야 했기에 넓은 주거 공간에 대한 열망이 강했다. 한창 바깥 세상에 대한 호기심이 많을 나이에 산골짜기에 파묻혀 있었기에 여행에 대한 갈증이 심했다. 100억대 자산가가 된다면 이 정도의 갈망은 채울 수 있을 것만 같았다. 나에게 돈이 흘러온다면 나와 아내, 우리 자녀들이 누리는 행복과 경험은 더 풍성해질 것이다.

아끼는 동생인 민과 폴을 만나 물었다.

"민아, 너는 돈 벌면 뭐하고 싶어?"

"아… 저희 어머니께서 너무 고생하고 사셔서 어머니 호강시켜드리고 싶어요."

부끄러워지는 순간이다. 민이는 어린 시절부터 수많은 고생을 겪었다. 늘 가난했고, 불안했다. 대학 시절에는 말 그대로 돈이 없어서 밥을 굶기도 했다. 대학을 졸업하고 취업하면서 사정이 좀 나아졌을까. 그는 어머니를 부양해야 했다. 어머니께서 거주하실 아파트를 사드렸다. 서류상 민이 소유한 아파트지만 매달 나가는 대출 이자를 보면 은행 소유에 가깝다. 어머니께 용돈도 드렸다. 밑 빠진 독에 물 붓기 같았다. 경제적 상황은 늘 제자리일 수밖에 없었다. 단 한번도 어머니를 원망한 적은 없지만 지쳐갔다. 나아질 수 있을까.

나는 그에게 자산을 어느 정도 축적한 후에 부모님께 경제적 도움을 드리라고 어쭙잖게 조언하기도 했다. 코인에 투자하고 인고의 시간이 지나자 숨통이 트였다. 돈을 번 민이는 무얼 하고 싶을까. 어머니 호강시켜드리고 싶단다. 참으로 효자다. 민에게 돈이 흘러간다면 그의 어머니는 지난했던 시간을 뒤로하고 풍요롭고 안정적인 삶을 맞이할 것이다. 민이도, 그의 자녀도 돈이 없어 끼니 거를 일은 두 번 다시 없을 것이다.

"폴, 너는 돈 벌면 뭐하고 싶어?"

"기부하고 싶습니다."

하, 또 부끄러워지는 순간이다. 폴은 꿈이 원대하다. 폴과 민이 부자 아빠의 교육을 받았을 때, 부자 아빠는 목표에 대한 이야기를 하셨다. 목표를 세운 후 그 목표가 잠재의식에까지 각인되도록 시각화하여 여기저기 공표하라 하셨다. 얼마 지나 폴의 카카오톡 프로필에는 해괴한 삼각형의 이미지가 하나 게시됐다. 그는 자신의 인생 목표 삼각형을 인쇄하여 집 안 곳곳, 그의 일터 곳곳에 붙여놓았다.

폴의 인생 목표 삼각형

숫자의 의미는 이렇다. 참고로 그는 신앙심이 깊다.

> 1: 하나님을 우선한다. 하나님과 동행한다.
> 12: 12개의 언어를 배우고 12억 사람들에게 행복을 전한다.

> 120: 매달 십일조 120만 원 내기. 120세까지 살기.
>
> 3070: 허리 30인치, 몸무게 70킬로그램 유지. 턱걸이 30개, 푸쉬업 70개 한 번에 하는 신체 능력 갖추기. 철인 삼종 경기를 7대륙에서 하기.
>
> 10000: 10000억(1조) 자산가 되기.

1조에서 웃음이 터져버렸다. 이런 '돌아이'. 폴도 같이 웃었지만 진지했다. 그는 나에게도 토니 라빈스의 《무한능력》 같은 책을 보내주며 더 큰 꿈을 꾸고 내면에 잠재한 무한 능력을 펼치라고 자극했다.

폴은 결혼 전에 일곱 번이나 소개팅을 했다. 그는 사촌 누나가 준 아주 오래된 아반떼를 타고 다녔다. 초라한 차를 끌고 나와서는 인생 목표 삼각형을 보여주며 소개팅 자리에 나온 여성분께 자신의 원대한 계획을 이야기했단다. 여섯 명의 여성분은 도망가셨다. 어떤 여성분은 뜨거운 아메리카노를 원샷 하셨단다. 1초라도 빨리 이 허무맹랑한 남자에게서 벗어나야겠다고 생각했나 보다. 제수씨는 어땠을까, 제수씨는 폴의 이야기를 듣고 생각했다.

'나, 대박 물은 거 같은데?'

제수씨는 폴의 비전에 반했다. 부창부수라더니. 폴은 그의 재정 크기가 삼십 대에 1억, 사십 대에 10억, 오십 대에 100억, 육십 대에 1,000억, 칠십 대에 1조에 다다를 것을 목표로 한다. 삼십 대 초반인데 10억을 넘보고 있으니 현재까지는 성적이 아주 좋다. 폴의 월급 실수령액은 230만 원 정도다. 교회를 다니기에 십일조를 비롯한 각종 헌금을 제하면 그의 주머니에는 180만 원가량 남는다. 소박한 월급을 고려한다면 삼십 대 초반에 10억을 넘본다는 건 기적에 가깝다.

1조를 만들어서 무얼 하고 싶어하나 물어보니 기부하고 싶단다. 미국 아인슈타인 의과대학에 1조가 넘는 돈(10억 달러)을 기부한 여성에 관한 뉴스 기사를 읽고는 자신도 1조를 기부해야겠다고 결심했다.

폴의 자산 대부분은 XRP다. 그는 XRP가 50만 원 이상의 가치에 도달할 것으로 철석같이 믿고 있다. XRP가 50만 원 이상 된다면 그의 자산은 1,000억을 넘기게 된다. 이미 1,000억은 만든 것처럼 생각한다. 1,000억을 어떻게 1조로 불려 나갈지 고민한다. 제정신이 아니다.

"폴, 근데 코인은 언제든지 폭락하고 망할 수도 있잖아. 만약 그렇게 되면 많이 힘들지 않겠어?"

"어차피 다 기부할 거라 제 돈이 아니라고 생각하고 있어서요. 그러려니 해야죠."

제정신이 아닌 게 분명하다. 폴의 아내는 결혼 전 구호단체에서 일을 했다. 폴은 칠십 대가 되면 아내와 함께 구호단체를 만들어서 도움이 필요한 곳곳에 자신의 돈을 기부하는 꿈을 꾼다. 폴에게 흘러간 돈은 더 아름다운 세상을 만드는 축복이 될 것이다.

민과 폴에게 했던 질문을 어머니께도 했다.

"엄마, 엄마는 돈이 많다면 뭘 하고 싶으세요?"

"하하하. 엄마는 어려운 사람들 돕는 데 쓰지 않을까?"

평생 처음 받아본 질문이리라. 나의 어머니의 삶과 '돈이 많다면'이라는 가정은 도무지 어울리지 않는다. 허나 어머니의 대답은 진심이다. 어머니는 그러고도 남을 분이다. 지금까지 그렇게 살아오셨다.

어머니는 끝내 사업에 성공하지 못한 남편 덕분에 아주 쓰고도 쓴 인생길을 걸어야 했다. 아버지는 어머니께 사업에 필요한 돈을 구해달라 했다. 어린 시절, 어머니는 늘 전화를 붙들고 돈을 빌리셨다. 외할머니께, 교회 집사님들께. 잘하는 건 공부뿐이었던, 영어를 좋아하고 문학이 좋아 영문학을 전공했던, 결혼 전 시골 중학교에서 중학생들을 가르치셨던 어머니에게는 너무나도 가혹하고 괴로운 삶이었으리라.

둘째 누나는 어렸을 때 자주 아팠다. 고열로 인해 당장 응급실로 달려가도 모자랄 판에 어머니는 병원비 걱정부터 했다. 돈만 있었다면 간단하게 해결될 문제조차도 어머니에게는 인생의 큰 산이었다. 어머니는 어떤 심정으로 그 시절을 버티셨을까. 셋이나 되는 자녀는 기쁨이면서 걱정이었으리라. 이 자녀들을 어떻게 키워낸단 말인가. 의지할 데라곤 어머니의 신앙심뿐이었다. 어머니와 한 방에서 잠을 잤던 나는 매일 아침 어머니의 흐느끼는 기도 소리를 들으며 잠에서 깼다.

그렇게 정신없이 삼 남매를 먹이고 입히던 가난했던 시절에도 어머니는 더 낮은 곳으로의 시선을 외면하지 않았다. 주머니 사정이 넉넉지 않았어도 도움을 요청하는 이웃의 손길을 거절하지 않았다. 어머니께서 우리 삼 남매를 데리고 시골에 들어가서 한 일도 아픈 사람들을 거두는 일이었다. 병원에서 시한부 선고를 받은 가망 없는 사람들에게 건강하고 깨끗한 음식을 지어 먹이셨다. 내가 중학생이 되었을 때는 오갈 데 없는 시각 장애인 형을 집으로 데리고 오셨다. 앞을 아예 못 보는 형이었는데 사고를 당해 허리까지 다쳐 누워서만 지냈다. 꽤 오랜 기간 한 가족으로 살았다.

다 크고 나서 어머니께 물었다. 어떤 마음으로 그렇게 선善을 베풀었는지. 어머니는 나에게 성경 한 구절을 말씀해주셨다.

"여호와를 경외하는 자에게는 견고한 의뢰가 있나니 그 자녀들에게 피난처가 있으리라." (잠언 14:26)

'의뢰가 있다'라는 말이 조금 어려운데 영문을 보면 '견고한 성이 있다' 정도의 의미로 받아들여도 된다. 어머니는 이 구절을 삶의 동아줄로 여겼으리라. 돈만 있으면 해결할 수 있는 문제도 돈이 없어 해결하지 못하던 무기력한 어머니께서는 절대자에게 의지했다. 절대자를 경외하면 삼 남매에게 견고한 성이 둘러질 거라 믿었다. 절대자를 경외하는 삶의 구체적 행동은 선으로 나타났다. 굶는 자에게 양식을 주고, 벌거벗은 자에게 옷을 입히면 절대자가 제 새끼들을 비참하게 버려두지 않을 거라는 믿음으로 살아오셨다.

어느 기업의 한 팀에서 좋은 일을 하기로 뜻을 모았다. 각 팀원들이 일정 금액을 모아 도움이 필요한 곳에 기부하기로 했단다. 한 팀원의 동생이 고등학교 교사였다. 그 동생에게 학교에 도움이 필요한 학생이 없는지 물었고 그 동생은 자신이 가르치던 학생 중에 나를 추천해주었다. 덕분에 나는 한 달에 10만 원씩 꾸준히 장학금을 받을 수 있었다. 20년 전이었으니 10만 원이 나에게 적은 돈은 아니었다. 어머니께 자초지종 장학금을 받게 된 경위를 말씀드렸다. 어머니께서는 기뻐하면서 나에게 하지 않았던 이야기를 들려주셨다.

"엄마 친구 중에 사정이 어렵게 된 친구가 있어. 그 아들이 최근에 대학생이 되었는데 내가 등록금 빌려줄 형편은 안 되고 한 달에 5만 원씩 그 아들에게 용돈을 주고 있었어. 하나님께서 두 배로 갚아주시네."

어머니는 이런 사람이다. 어머니께 돈이 흘러간다면 그 돈은 가장 낮은 자를 향하여 다시 흘러갈 것이다. 그건 신의 섭리를 따르는 순종이며 당신의 자녀들에게 흘러갈 복의 원천이 될 거라는 믿음이다.

이번에는 부자 아빠께도 같은 질문을 드렸다.

"아버님은 돈 벌면 뭐하고 싶으세요?"

질문이 잘못됐다. 부자 아빠는 이미 부자다. 당장 모든 걸 정리하고 여생을 희희낙락하며 보내도 된다. 그럼에도 여전히 머리 아프게 돈을 벌려고 하시는 이유는 뭘까? 왜 회사를 정리하지 않고 속 썩이는 직원을 책임지려 하는 걸까? 부자 아빠께서 말씀하셨다.

"고향에 있는 친구가 나에게 그러더라고. 머리 아프게 살지 말고 회사 정리하고 고향 내려와서 그동안 모은 돈 쓰면서 재미나게 살라고."

"허허. 그래서 뭐라 답하셨어요?"

"웃고 말았지."

"아버님께서 그렇게 열심히 사시는 동력은 무엇인가요?"

"난 지금도 내일이 두려워. 내가 갑자기 아프면 사업이 갑자기 망하면 우리 가족은, 회사 직원들은 어떻게 되려나."

부자 아빠는 속상한 일이 있을 때 절대 술을 마시지 않는다. 괴로울 때 들이켜는 알코올은 건강에 치명적인 독이 된다고 여기기 때문이다. 도로의 차선이 여러 개라면 1차

선은 피해서 운전한다. 중앙선을 침범해 미쳐 날뛰는 차량과 마주할 확률을 줄이기 위해서다. 약속 장소에 갈 때는 늘 시간적 여유를 두고 출발한다. 시간이 촉박해 서두르면 사고 날 가능성이 높아지기 때문이다.

어떤 물건이든 아끼고 고쳐 쓰는 절약가이지만, 욕실 전등만큼은 조금이라도 어두워지면 바로 교체한다. 행여 바닥에 있는 물기를 보지 못하고 미끄러져 다치는 불상사를 피하기 위해서다. 부자 아빠는 생각한다. 나는 아플 자격이 없다고, 내 몸은 내 것이 아니라고.

부자 아빠에게 본격적으로 인생 수업을 듣던 때, 부자 아빠는 어두컴컴한 터널을 지나고 있었다. 부자 아빠가 나에게 했던 무수한 말들은 스스로의 마음을 부여잡으려 뱉어냈던 주문이었는지도 모른다. 부자 아빠는 담담하게 모진 운명을 받아들이며 그 시기를 살아냈고 살아가고 있다.

"장훈아, 살다 보면 예기치 않은 고통의 순간들이 찾아올 수 있어."

"네네."

"아무리 조심해서 살아간다 해도 피할 수 없는 운명을

맞닥뜨릴 때가 있지."

'끄덕'

"고통이 나에게 다가오는 건 피할 수 없는 운명이지만, 그 고통을 어떻게 극복하는지는 나에게 달려있어."

'끄덕끄덕'

"진짜 두려워해야 하는 건, 고통 자체보다도 거기에 대처할 수 있는 힘이 아무것도 없는 무능력의 상태야."

"부자의 재물은 그의 견고한 성이요." (잠언 10:15)

돈으로 인생의 모든 문제를 해결할 수는 없다. 하지만 돈은 인생의 많은 문제를 해결해준다. 갑작스러운 질병과 사고가 부자만 피해가는 건 아니지만 적어도 부자는 치료비에 대한 걱정은 피할 수 있다. 돈은 인생의 고난을 극복하는 데 있어 강력한 원동력이 되어준다. 재물은 견고한 성이 분명하다.

장모님께서 병원에 계시던 시절을 회상하며 아내가 말했다.

"그때 나는 취준생이었잖아. 고민이 많았지. 엄마 마음은 너무나도 약해진 상황이었어. 내가 곁에 있어야 그래도 엄마가 견뎌낼 수 있을 것 같았는데. 마냥 언제까지 병원에만 있을 수도 없고. 슬픔을 감당하기 너무 힘든 시간이었지만 그래도 경제적인 걱정은 전혀 하지 않았어. 만약 돈까지 신경 써야 하는 상황이었다면 나도 무너져버렸을 거야. 엄마가 예전의 몸으로 돌아갈 수 없게 되었지만, 그래도 엄마가 그리고 싶었던 그림을 돈에 구애받지 않고 마음껏 그릴 수 있어서 얼마나 다행인지 몰라. 오래전 아빠가 나한테 이런 말을 했었어. 아빠는 촛불이라고. 아빠 몸을 불살라서 우리 가족들, 직원들의 삶을 비추며 살 거라고."

부자 아빠에게 흘러간 돈은 고통을 극복하는 힘이 되며 가족과 직원들의 삶을 비추는 촛불이 될 것이다.

우리가 잘 아는 한 형제가 있다. 동생은 가난했지만 너그러운 마음씨를 지니고 있었고, 형은 부자였지만 욕심이 많고 심술궂었다. 동생은 자신의 식솔들조차 제대로 먹이지 못할 만큼 주머니가 쪼들렸다. 형에게 도움을 요청했지만 매정하게 거절당한다. 형의 이름은 놀부고, 동생의 이름은 흥부다.

부자 아빠를 만나기 전까지 그랬다. 놀부처럼 살아야 부자가 되는 줄 알았다. 부자가 되면 놀부가 될 거라 단정했다. 부자의 마음은 탐심이 지배할 거라 여겼다. 만족할 줄 모르고, 남의 것을 탐내고, 사치와 허영이 가득할 거라고. 거드름 피우고 교만하리라. 주위를 돌아볼 줄 모르며 오로지 자기와 자기 가족의 안위만을 위해 살아간다고 상상했다.

부자 아빠는 돈으로, 자신의 능력으로 인생의 모든 문제를 극복할 수 있다고 거드름 피우지 않는다. 오히려 자신의 나약함을 인정하기에 늘 안전에 주의하고, 건강에 유의하며, 어려운 때를 대비해 자산을 쌓아간다. 사치와 허영은 커녕 궁색하리만큼 지독히도 아낀다. 경제적 자유 운운하며 일하지 않고 놀 수도 있지만, 단 한 사람의 일자리라도 더 보전하기 위해 매일매일 머리를 쥐어뜯으며 내일을 염려하고 계획한다. 부자의 마음에는 '탐심'이 아닌 '책임'이 가득 찼던 것이다.

예전에는 굶주리고 헐벗은 이에게 당장 먹이고 입히는 것만이 선善인 줄 알았다. 그러나 부자 아빠를 만난 후 알게 되었다. 굶주리고 헐벗은 자가 일을 해서 자기 힘으로 먹고 입을 수 있는 경제적 여건을 만드는 것도 선이라는 걸. 테레사 수녀처럼 가장 낮은 곳에서 가난하고 병든 자를 섬기는 선한 사람들의 삶만이 숭고한 줄 알았다. 이제는 가장 높은 곳에서 머리 터져라 일하며 수많은 일자리를 창출해내는 기업인들의 삶도 숭고하게 여긴다.

  돈은 우리의 삶을 지키는 견고한 성이며 세상을 밝게 비추는 숭고한 빛이다. 돈은 축복이다.

산내면
향우회

외출 준비를 하는 나에게 아내가 묻는다.

"오빠, 오늘 스케줄은 어떻게 돼?"

"아, 오늘은 산내면 향우회같은 고향 사람끼리 만나는 모임에 다녀옵니다."

"요새 좀 자주 만나는 거 같아?"

"하하하하."

직장인에서 개인사업자로 변신한 이후 가장 달라진 점은 고정적인 스케줄이 없다는 것이다. 그 점이 아내에게는 적잖은 스트레스를 주었다. 어린 두 아이를 키우고 있어서 규칙적인 일상이 매우 중요하기 때문이다. 차차 균형을 맞추면서 적응해가고 있다.

산내면 향우회라고 해봐야 회원 수는 나를 포함하여 세 명이다. 나의 시골 친구 기태와 경석이가 회원이다. 기태와 경석이는 둘 다 정읍시 산내면에서 태어났다.

기태는 소똥 냄새가 구수하게 풍기는 오래된 한옥에서 나고 자랐지만 지금은 서울에 있는 본인 소유의 아파트에서 살고 있다. 기태는 나와 경석이보다 일찍 세상으로 나왔다. 이십 대에 온갖 일을 하며 고생을 많이 했고, 우리보다 먼저 돈의 가치를 깨달았다. 주식, 부동산 투자를 통해 부단히 돈을 불려왔다. 가장 먼저 출발한 만큼 우리 중에서 가장 자산이 많다. 투자가 주업인 투자자로 살고 있다.

경석이는 부모님을 일찍 여의었다. 어머니는 경석이가 태어난 후 얼마 지나지 않아 돌아가셨고, 아버지는 경석이가 초등학교에 입학하기 전에 세상을 떠나셨다. 산 꼭대기 바로 아래 있는 오래된 사찰의 여승들이 경석이와 그의 남매들을 거둬 길러주셨다.

시골 우리 집에서 학교까지 가려면 초등학생 걸음으로 1시간 40분이 걸렸다. 나보다 시간이 오래 걸리는 친구가 딱 한 명 있었는데 그게 경석이다. 우리 집에 가려해도 이미 산을 오를 대로 올라야 하는데 경석이는 우리 집에서 40분을 더 걸어 올라가야 했다. 중학교 때 영어 선생님은 경석이와 내가 산을 넘어 다닌다고 해서 우리를 '재넘어파'라고 불렀다. 산(재)을 넘는 무리. 나는 그 말이 좋아 모든 인터넷 사이트 아이디를 '재넘어파'로 명명했다.

나는 경석이가 마라톤 선수가 되어 금메달을 딸 줄 알았는데, 그는 대학을 졸업하고 엔지니어가 되었다. 오래 연애한 연인과 결혼했고, 아들을 낳았다. 그리고는 경기도 일산에 있는 아파트를 샀다.

우리 셋은 세상 물정 모르고 자랐다. 봄이 되면 진달래꽃을 따서 먹었고, 여름이 되면 계곡에서 다이빙을 했다. 가을이 오면 감나무에 올라 홍시를 따먹고, 겨울이 오면 비료 포대를 가져다가 눈썰매를 탔다. 서울에 있는 아파트 한 채의 가격은 얼마나 하는지, 대기업 사원 연봉은 얼마인지 전혀 모르고 컸지만 자연의 기운이 우리의 몸과 정신을 건강하게 키워주었는지 각자의 삶을 충만하게 살아내고 있다.

산내면 향우회는 두 달에 한 번 평일 점심에 모임을 갖는다. 경석이만 직장인이라 반차를 쓰고 온다. 육아를 위해 날이 어두워지기 전에 흩어져 집으로 간다. 모임이 지속 가능하려면 가정이 평온해야 하기 때문이다.

25년 전의 우리는 만나기만 하면 무슨 사고를 칠까 모의했는데, 지금은 만나기만 하면 어떻게 돈을 불릴 수 있을까 이야기한다. 어디에 투자해야 하고 투자에 임하는 자세는 어때야 하는지 각자의 의견을 피력한다. 학교 운동장에 죽치고 앉아 땅따먹기나 하던 우리는 서울 땅을 한 평이라도 더 소유하기 위해 머리를 쥐어짠다. 돈의 가치를 인정하고 더 풍요로운 내일을 꿈꾸는 친구들과의 만남은 언제나 즐겁고 유익하다.

재물적인 측면에서 우리는 초년운이 없었다. 우리는 이른 나이부터 재를 넘어야 했다. 허나 고통은 길게 보면 축복이다. 재를 넘는 수고는 우리를 강인하게 키워주었다. 초년 시절의 고통과 결핍은 중년, 말년에 좋은 자양분이 될 수 있다. 우리는 가난하게 태어났지만 가난하게 죽지는 않을 것이다. 기태가 나에게 말한다.

"왜 이렇게 돈 욕심이 많아?"

"너만 하겠냐?"

"나야 뭐 예전부터 그랬고, 너는 원래 안 그랬잖아."

"늦게 배운 도둑이 날 새는 줄 모른다잖아."

왜 부자가 되고 싶은 걸까. 부는 삶의 기본값을 결정하는 데 매우 중요한 요소다. 우리가 어디에 살고, 무엇을 먹고, 시간을 어떻게 보내는지는 주로 돈이 결정한다.

나는 대학생 때 자전거를 타고 다녔다. 취업하고 나서는 원룸에서 지냈다. 아내는 대학생 때 차를 타고 다녔다. 취업하고 나서는 아파트를 샀다. 부모님이 가진 부에 따라 삶의 기본값이 다른 것이다.

내가 가진 부에 따라 자녀들의 삶의 기본값도 달라질 것이다. 불평등해 보이지만 엄연한 현실이다. 국가가 가진 부는 국민 삶의 기본값을 결정한다. 어린 시절 대전역 화장실에 가면 노숙자 냄새가 코를 찔렀다. 그러나 요즘은 노숙자를 찾아보기 힘들다. 나라가 부유해짐에 따라 복지 수준이 높아지고 국민이 누릴 수 있는 최소한의 삶의 기본값이 향상된 것이다.

흔히들 건강에 비해 돈의 가치를 평가절하하는 경향이 있다. '건강하다고 행복하느냐'고 묻는 사람은 없다. '돈 많다고 행복하느냐'고 묻는 사람은 많다. 죽어서 쥐어가지 못한다고, 돈은 허무한 것이라 이야기하지만 건강이 허무하다고 말하는 사람은 없다.

죽어서 못 가져가는 건 건강이나 돈이나 마찬가지다. 돈은 상속이라도 된다. 우리가 죽어서 못 가져가는 돈은 후손에게 흘러가고 국가에 흘러간다. 흘러간 돈은 자녀의 삶을 풍요롭게 하고 국가의 안정에 기여한다. 건강 수치를 아무리 잘 관리한다 한들 죽고 나면 건강한 혈압, 콜레스테롤, 혈당수치가 후손에게 전달되지는 않는다. 돈은 건강보다도 생명이 길다. 돈은 허무하지 않다. 건강도 중요하고 돈도 중요하다. 돈은 견고한 성이다.

"만족할 줄 모르고 사는 거 같아."

나를 잘 아는 친구들, 가족들이 종종 나에게 하는 말이다. 나는 현재의 삶이 충분히 만족스럽고 행복하다. 부를 향한 발걸음은 현재 내가 서있는 땅이 불만족스러워서, 불행해서가 아니다. 그 한 걸음, 한 걸음의 여정 속에서 내 인생이 더 강인해지고 더 넓어지며 더 충만해지길 기대하기 때문이다. 혹여 오르려던 산의 정상에 도달했을 때, 날 기다리고 있던 건 찬란한 태양이 아닌 희뿌연 안개일지라도 그 여행은 벅차리라.

EPILOGUE

부자가 될 수 있다는 가능성

- 장훈아, 네가 16년 전에 보내줬던 엽서야.

오래 알고 지낸 친구가 사진 한 장을 찍어서 메신저로 전송해줍니다. 군대 전역 후 떠난 라오스 여행 중 친구에게 보냈던 엽서입니다. 엽서는 라오스 시골 마을의 풍경을 담고 있습니다. 들판을 한가로이 걷는 소, 대나무로 얼기설기 만든 방갈로. 16년 전의 라오스는 참 느긋했습니다.

중국에서 라오스로 넘어가는 버스 안에서 저는 참 신기한 장면을 목격했습니다. 바로 옆 동네인데 어쩜 이리 시간의 속도가 다른지요. 중국은 참 바빴습니다. 하나라도 더 팔기 위해, 하나라도 더 싸게 사기 위해.

　버스가 국경을 넘어 라오스에 닿으니 갑자기 시간이 멈춰 서기 시작했습니다. 해맑은 아이들은 버스를 바라보며 뛰어왔고 개, 돼지, 닭, 병아리, 소들이 그 어떤 것에도 속박되지 않고 자유로이 돌아다녔습니다. 아내들은 도로가에서 긴 타월을 두르고 몸을 닦고, 남편들은 쪼그려 앉아 담배를 뻐끔뻐끔 피워댔죠. 버스 안의 관광객들도 그들을 흥미롭게 쳐다봤고 그들도 관광객들을 흥미롭게 바라보았습니다. 그 어떤 얼굴에도 초조함이나 열패감은 보이지 않았습니다.

　그 분위기에 취해 엽서 한 장을 사서 친구에게 편지를 썼습니다. '우리는 너무 많은 걸 가지려고 하는 거 같아. 라오스에 와보니 사람들이 가진 게 별로 없어도 충분히 행복해 보이네.' 물론 라오스에 머무는 날이 늘어갈수록 마주하게 되는 슬프고 고된 표정들도 늘어갔습니다. 돈을 벌기 위해 저에게 팔찌를 파는 어린 소녀의 눈빛에서, 한가득 짐을 짊어매고 걸어가는 할머니의 굽은 등에서.

친구는 저에게 어떤 말을 하고 싶어서 그 오래된 엽서 사진을 찍어서 보내준 걸까요?

- *장훈아, 너는 이런 사람이었어.*
- *그랬지. 하하. 그때 라오스 여행 갈 돈으로 비트코인을 샀으면 지금 라오스를 살 텐데 말이야.*
- *하하하하하하.*
- *하하하하하하하하하.*

맞습니다. 저는 변했습니다. 과거의 저는 《스콧 니어링 자서전》을 읽으며 자연주의적인 삶을, 가난하고 소박한 삶을 찬양하던 사람이었습니다. 더 많이 가지려는 욕망이 인간을 망친다고 생각했습니다. 사업하는 사람들의 책을 읽으며 가슴이 뛰었지만 부자가 되어야겠다는 갈망과는 거리가 멀었습니다.

16년이 지난 지금은 100억대 자산가가 되겠다고 떠벌 릴 만큼 돈을 사랑하는 사람이 되었습니다. 돈을 더 많이 벌기 위해 직업까지 바꾸었습니다. 속물이 된 걸까요? 돈을 사랑함이 일만 악의 뿌리라고 하는데, 저는 악의 길로 접어들고 있는 걸까요?

저는 그저 돈의 쓸모에 대해 달리 알게 되었다고 말씀드리고 싶습니다. 돈은 '견고한 성'입니다. 돈은 나와 가족, 그리고 사회를 지켜줄 것입니다. 제아무리 견고한 성이라도 인생의 모든 공격을 막아낼 순 없지만 돈은 쉽게 무너지지 않는 철옹성은 되어줄 겁니다. 돈은 '등대'입니다. 삶의 동서남북이 암흑으로 뒤덮일 때 돈은 등불을 비춰줍니다. 등불만으로 어둠을 모두 몰아낼 순 없지만 길을 찾는 데 분명 도움이 될 겁니다.

부자 아빠께서 저에게 심어준 건 '돈의 쓸모'만이 아닙니다. '내가 부자가 될 수 있다'는 가능성도 심어주셨습니다. 제 인생 팔자에 부자가 될 운은 없는 줄 알았습니다. 그리 생각했기에 가난하고 소박한 삶에서 행복을 찾으려고 했는지도 모릅니다. 부자 아빠를 만나고 나서 부자가 되고 싶다는 갈망이 생겼고, 어쩌면 부자가 될 수도 있겠다고 기대했으며, 이제는 부자가 되겠다는 확신이 섭니다.

피타고라스 정리를 아시나요? 중학교 3학년 수학 교과서에 나오는 개념입니다.

> **피타고라스 정리**
>
> 직각삼각형 ABC에서 각 꼭짓점의 대변의 길이를 각각 a, b, c라고 할 때, 빗변 c의 제곱은 다른 두 변 a, b의 제곱의 합과 같다.
>
>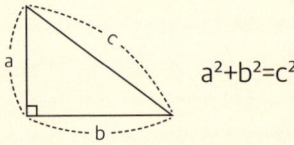
>
> $a^2 + b^2 = c^2$

피타고라스 정리를 증명하는 방법은 무려 400개가 넘습니다. 다소 길지만 이해하기 쉬운 증명 방법이 있는가 하면, 아주 짧지만 이해하기 어려운 증명 방법도 존재합니다. 중학교 3학년 학생들에게 피타고라스 정리를 증명해보라고 하면 수학적 사고가 매우 뛰어난 몇몇 학생은 저도 처음 보는 증명 방법을 제시하기도 합니다. 정말 놀랍습니다.

대다수 학생은 교과서에 제시된 증명 방법을 이해하는 데도 어려움을 겪는데 말입니다. 하지만 평범한 학생일지라도 교과서에 제시된 증명 방법을 노트에 반복해서 적으며 숙지하다 보면 어느 순간 피타고라스 정리를 증명할 수 있게 됩니다.

부자에 이르는 길도 마찬가지라 생각합니다. 부자에 이르는 길은 무수히 많습니다. 시간이 오래 걸리지만 다소 쉬운 길도 있고 시간이 짧게 걸리지만 매우 어려운 길도 존재합니다. 각자의 삶에 적합한 방법을 따라가면 됩니다. 새로운 길을 개척하는 혁신가는 젊은 나이에 큰 부자가 되기도 합니다. 평범한 사람일지라도 남이 먼저 간 길을 뚜벅뚜벅 따라가다 보면 조금 늦더라도 작은 부자는 될 수 있습니다.

부자 아빠께서 저에게 제시한 길은 이해하기 쉽습니다. 요약하면 다음과 같습니다.

> 불편하게 살고, 폼 잡지 마라. 그래야 돈이 모인다.
> 시간이 지남에 따라 가치가 상승하는 자산을 모아라.

부자처럼 보이려고 돈을 허비하지 말고 자산을 모아가라는 가르침입니다. 부자 아빠께서 제시한 길에는 다소 이해하기 어려운 내용도 있습니다.

> 손해 볼 줄도 알아야 한다.
> 자산 투자는 매매보다 모으는 데 집중해야 한다.

빨리 부자가 되려는 조급함을 버려야 한다는 가르침입니다. 당장 눈앞의 이익만 취하는 데 급급하지 말고 장기적인 관점에서 관계를 맺고 투자해야 함을 의미합니다. 부자 아빠께서 자주 하시는 말씀이 있습니다. "돈을 좇지 말고 돈이 따르는 사람이 돼라."

"돈에 대한 철학이 바로 서야 해." 사업한다는 사위가 돈을 좇는 게 아닐까 염려하셨던 장인어른의 조언입니다. 사업하다 망하는 건 말할 것도 없고 사업이 잘돼서 돈을 많이 버는 것도 걱정하셨습니다. 돈에 대한 확고한 철학이 서지 않으면 돈을 지키기 어렵고, 돈 때문에 망가질 수도 있다고 말씀하셨습니다. 그래서 적어 보았습니다. 왜 돈을 사랑하게 되었는지, 돈을 어떻게 모으고 불리고 지키는지, 돈의 쓸모는 어디에 있는가를.

저는 당당하게 돈을 밝히면서 살 겁니다. 돈은 저를 밝혀줄 겁니다. 돈은 나의 가족을 밝혀줄 겁니다. 돈은 나의 사회를 밝힐 겁니다.

부를 향한 여러분의 여정에도 축복이 함께하길 기원합니다. 이 책을 끝까지 읽어주심에 진심으로 감사드립니다.

초판 1쇄 발행 2025년 7월 28일

지은이 배장훈
펴낸곳 ㈜에스제이더블유인터내셔널
펴낸이 양홍걸 이시원

홈페이지 siwonbooks.com
블로그 · 인스타 · 페이스북 siwonbooks
주소 서울시 영등포구 영신로 166 시원스쿨
구입 문의 02)2014-8151
고객센터 02)6409-0878

ISBN 979-11-6150-543-5 03320

이 책은 저작권법에 따라 보호받는 저작물이므로 무단복제와 무단전재를 금합니다.
이 책 내용의 전부 또는 일부를 이용하려면 반드시 저작권자와
㈜에스제이더블유인터내셔널의 서면 동의를 받아야 합니다.

시원북스는 ㈜에스제이더블유인터내셔널의 단행본 브랜드입니다.

독자 여러분의 투고를 기다립니다.
책에 관한 아이디어나 투고를 보내주세요.
siwonbooks@siwonschool.com